本书由"扬州市社科联重大课题资助出版项目""扬州市职业大学优秀学术著作资助项目"资助

# 黄质夫乡村教育思想研究

马 兵 著

东南大学出版社
·南京·

图书在版编目(CIP)数据

黄质夫乡村教育思想研究 / 马兵著. —— 南京:东南大学出版社,2023.12
ISBN 978-7-5766-1109-0

Ⅰ.①黄… Ⅱ.①马… Ⅲ.①黄质夫-乡村教育-教育思想-研究 Ⅳ.①G40-092.7 ②G725

中国国家版本馆 CIP 数据核字(2023)第 250702 号

责任编辑:唐　允　责任校对:子雪莲　封面设计:刘　祥　责任印制:周荣虎

黄质夫乡村教育思想研究
Huang Zhifu Xiangcun Jiaoyu Sixiang Yanjiu

| 著　　者:马　兵
| 出版发行:东南大学出版社
| 社　　址:南京四牌楼 2 号　邮编:210096　电话:025-83793330
| 出 版 人:白云飞
| 网　　址:http://www.seupress.com
| 电子邮箱:press@seupress.com
| 经　　销:全国各地新华书店
| 印　　刷:广东虎彩云印刷有限公司
| 开　　本:700mm×1000mm　1/16
| 印　　张:12
| 字　　数:198 千字
| 版　　次:2023 年 12 月第 1 版
| 印　　次:2023 年 12 月第 1 次印刷
| 书　　号:ISBN 978-7-5766-1109-0
| 定　　价:48.00 元

本社图书若有印装质量问题,请直接与营销部调换。电话(传真):025-83791830

## 我们的十大信条

常想着乡村教育是救国惟一的政策
常想着乡村师范是乡村文化的中心
常想着乡民是我们的好友
常想着乡村是我们的乐园
努力做师生协作的工夫
努力把教学做打成一片
努力实现新中国的乡村
努力创造新时代一个乡村师范
生活简陋思想不要简陋
埋头的努力胜过无谓的夸张

（录自黄质夫1927年著《栖霞乡师十六年度之回顾》）

南京市栖霞中学（前栖霞乡村师范）内黄质夫先生雕像

贵州省榕江县第一中学内黄质夫先生雕像

著名画家赵峻山《愧不如牛图》

# 序

王文岭

黄质夫 1896 年出生于江苏仪征十二圩,1924 年毕业于国立东南大学,其后躬耕乡村师范教育 20 余年;早先执掌江苏高邮界首乡师、南京栖霞乡师和浙江萧山湘湖乡师;七七卢沟桥事变后西迁湖南,转涉贵州,受命主政省立贵阳乡师,复播迁少数民族地区的黔东南榕江县,创办国立贵州师范,直至抗战全面胜利。在这 20 余年间,黄质夫主动参与了中国师范教育制度的变革与建设,为因应民族危机、内地乡村建设和边疆民族地区发展,因时因地开展了乡村教育实践,建构了独特的乡村教育思想体系。由于特定的历史原因,黄质夫的事迹、思想后来湮灭不闻近 50 年,直到 1992 年始见于《江苏文史资料》,2000 年被收入《贵州社会文明的先导——贵州历代著名教师》一书,进而引起教育史学界的注意。进入 21 世纪以来,在社会各界人士的推动下,黄质夫乡村教育文集、学术研究论集、单篇研究论文相继出版或发表,在短短 20 多年中结成一批丰硕的研究成果。

扬州市职业大学马兵老师多年来专注于黄质夫乡村教育思想的研究,这本书是作者在过往研究的基础上,对黄质夫乡村教育思想进行更加系统、全面的整理研究的理论成果,是20多年来研究者个人第一部系统、全面地研究黄质夫乡村教育思想的学术著作。所谓系统,是站在中国乡村教育发展百年历史的宏观视角,审视黄质夫乡村教育思想的生成逻辑、内容特色和当代价值。马兵老师的研究,并不停留在黄质夫思想的分析论证,而是指向当下乡村教育的价值目标,提出建设性的意见。所谓全面,是从中国近代乡村教育救国的目标愿景出发,对乡村师范教育、乡村社会教育、乡村学校教育管理、乡村学校劳动教育进行深入的分析和研究,这对当代乡村教育因应社会变革和社会主义新农村建设,具有重要的认识价值和指引意义。

学习老一辈教育家的思想,继承老一辈教育家的精神,总结老一辈教育家的办学经验,把学术论文写在祖国的大地上,服务于当代中国教育现代化建设。期待马兵老师的这本书,能够引领更多的年轻学者和教育工作者,走近黄质夫,认识黄质夫,汲取其思想智慧和实践方法,共同推进中国乡村教育现代化,繁荣乡村社会,福利边疆人民,担当民族复兴重任。

黄质夫是陶行知执教国立东南大学时的学生,深受陶行知乡村教育思想的熏陶。马兵老师专注于黄质夫研究,我专注于陶行知研究,因此我与作者虽然没有谋过面,却有多年的纸上交往。是次遵作者嘱,忝为序!

（王文岭,南京晓庄学院陶行知研究院研究员）

# 目 录

绪论 ·········································································· 1
  一、研究缘起 ······························································ 1
  二、研究述评 ······························································ 2
  三、研究思路与方法 ······················································ 8

**第一章 黄质夫生平及其教育践履** ········································· 11
  第一节 崭露头角——创办江苏省立界首乡师 ························· 12
  第二节 锐意改革——创办江苏省立栖霞乡师 ························· 16
  第三节 辗转办学——创办国立贵州师范学校 ························· 22

**第二章 黄质夫乡村教育思想的生成逻辑** ································· 31
  第一节 民国乡村教育运动的影响 ······································ 31
  第二节 陶行知乡村教育思想的熏陶 ···································· 37
  第三节 黄质夫对乡村教育的理性思考 ································· 42

**第三章 黄质夫乡村教育思想的主要内容** ································· 49
  第一节 黄质夫乡村教育救国思想 ······································ 50

第二节　黄质夫乡村师范教育思想 ············································· 56
　　第三节　黄质夫乡村社会教育思想 ············································· 65
　　第四节　黄质夫乡村学校教育管理思想 ······································· 78
　　第五节　黄质夫乡村学校劳动教育思想 ······································· 92

第四章　黄质夫乡村教育思想的贡献与特色 ································· 98
　　第一节　黄质夫乡村教育思想的贡献 ········································· 98
　　第二节　黄质夫乡村教育思想的特色 ········································· 103

第五章　黄质夫乡村教育思想的当代启示 ···································· 111
　　第一节　黄质夫乡村教育救国思想的启示 ································· 111
　　第二节　黄质夫乡村师范教育思想的启示 ································· 115
　　第三节　黄质夫乡村社会教育思想的启示 ································· 118
　　第四节　黄质夫乡村学校教育管理思想的启示 ·························· 122
　　第五节　黄质夫乡村学校劳动教育思想的启示 ·························· 125

参考文献 ·································································································· 130
　　一、专著类 ························································································ 130
　　二、期刊论文类 ·················································································· 132
　　三、学位论文类 ·················································································· 137

附录 ········································································································· 138
　　乡村实施教育 ···················································································· 138

后记 ········································································································· 179

# 绪 论

## 一、研究缘起

黄质夫是中国近现代教育史上著名的乡村教育家。教育部原副部长韦钰指出:"黄质夫先生是近代最早提出乡村教育救国的人之一,他也是以一个学贯中西的农学家、教育家的身份,系统论述并用乡村师范教育切身经历讲话的第一人。"①黄质夫秉承教育救国的理念,从1924年起率先投身乡村师范教育,勇于开拓,坚持实干,先后创办和主持了江苏省立第五师范学校界首分校、浙江湘湖乡村师范学校、江苏省立栖霞乡村师范学校和国立贵州师范学校,培养了一大批"不怕苦、能实干,负责任、守纪律,懂礼义、知廉耻,不消极、不苟安,能工、能农、能商,能教学、能生产,能在后方保安,能上前线作战"②的新型乡村教师,为我国乡村教育事业的发展做出了杰出贡献。伟大的人民教育家陶行知说过:"今日的

---

① 韦钰.树乡村文化新风的后辈学人之师[M]//肖云慧.黄质夫乡村教育思想研究.贵阳:贵州民族出版社,2003:13.
② 东南大学校友总会.中国乡村教育的先驱黄质夫[M]//肖云慧.黄质夫乡村教育思想研究.贵阳:贵州民族出版社,2003:16.

教育家,必须要在下列两种要素当中得了一种,方才可以算为第一流的人物。(一)敢探未发明的新理。……(二)敢入未开化的边疆。"① 无论是乡村教育的理论创新还是实践探索,黄质夫两者皆备,可谓是当之无愧的第一流的教育家。

如何实现乡村教育高质量发展,助力乡村全面振兴,是新时代乡村教育研究者面临的全新课题。新时代实现乡村教育高质量发展,既要立足于乡村实际,同时还要回顾历史,从历史中汲取智慧与经验。黄质夫乡村教育思想体系内涵丰富,其内容涉及了当时中国乡村教育与建设的各个领域,诸如乡村教育救国思想、乡村师范教育思想、乡村社会教育思想、乡村学校劳动教育思想等,并且他对这些都有独到的见解和精辟的论述。正如著名教育史学家田正平所言,黄质夫乡村教育思想是"中国乡村教育的宝贵思想财富"②,他提出的"乡村教育化、教育乡村化""师范教育必须契合于中国之乡村""乡村师范应为改造乡村社会的中心""劳动生产训练要与专业训练并重""教育者须由第一流人才充当"等思想,对于我们当今促进乡村教育高质量发展、培养新时代新型职业农民、更好地开展社会主义美丽新农村建设、全面实现乡村振兴具有十分重要的借鉴价值和现实意义。

## 二、研究述评

目前,学界对于近代中国乡村教育的研究大多集中在陶行知的乡村生活教育、梁漱溟的乡村建设理论、晏阳初的平民教育运动以及黄炎培的农村职业教育方面。而由于历史的原因,作为同时代较有影响力的乡

---

① 陶行知.第一流的教育家[M]//陶行知.中国教育改造.北京:东方出版社,1996:18-19.
② 田正平.序二[M]//王文岭,黄飞.黄质夫乡村教育文集.南京:东南大学出版社,2017:4.

村教育家,黄质夫的乡村教育思想却被"尘封"了多年。随着江苏省政协与仪征市政协联合编写的文史资料《乡村教育先驱黄质夫》①的问世,乡村教育家黄质夫开始引起教育界、史学界的关注。此后,贵州教育出版社梁茂林在《贵州社会文明的先导——贵州历代著名教师》一书的"出版"与"寻找"过程中,发现了创办国立贵州师范学校的教育家黄质夫,并约请贵州省教育厅杨秀明、安永新两位专家选编《黄质夫教育文选》一书,"将销声匿迹达50年之久的我国优秀教育家黄质夫先生展现在读者面前"②。进入21世纪以来,黄质夫研究领域呈现出蓬勃发展的局面。在"知网"以"黄质夫"为检索关键词,共有70余篇期刊文章。众多研究成果的涌现,使得黄质夫研究逐渐迎来了春天。下面从黄质夫生平的研究、黄质夫乡村教育思想的研究、黄质夫乡村教育实践的研究三方面进行学术史考察。

## (一) 关于黄质夫生平的研究

黄飞的《回忆我的父亲黄质夫》、李仰华的《黄质夫传略》、梅宗乔的《贵州少数民族教育的开拓者——乡村教育先驱黄质夫先生》、王炳毅的《乡村教育家黄质夫的传奇人生》以及徐兴昶、黄大卫的《乡村教育家黄质夫在南京栖霞》等多篇文章,简要追忆了黄质夫为人正直、不畏强暴、勤劳俭朴、爱国奉献的高尚情操,梳理了黄质夫从一个农家子弟成长为乡村教育先驱的生平经历。梁茂林撰文《黄质夫:一个被尘封的乡村教育家》③,概括了黄质夫一生的"五幸、五不幸",并从"还教育于民""教育者须由第一流人才充当""师范教育必须'契合于中国之乡村'"三个方面

---

① 江苏省政协文史资料委员会,仪征市政协文史资料委员会.乡村教育先驱黄质夫[Z].南京:江苏文史资料编辑部,1992.
② 韦钰.《黄质夫教育文选》序[M]//杨秀明,安永新.黄质夫教育文选.贵阳:贵州教育出版社,2001:1.
③ 梁茂林.黄质夫:一个被尘封的乡村教育家[J].贵州教育,2002(7):45-47.

论述了黄质夫的乡村教育思想。

张智峰的《教育家黄质夫史料辑存》《教育家黄质夫史料辑存补充》《中华乡村教育社诞生始末》，张智峰、黄大庆的《从历史史料中回望黄质夫》，以及张智峰、黄大卫的《黄质夫先生二三事》等多篇文章，为全面、深入研究黄质夫在五师分校、栖霞乡村师范学校、中华乡村教育社、国立贵州乡村师范学校等不同时期的乡村教育实践活动提供了十分重要的史料。王文岭、黄飞主编的《黄质夫乡村教育文集》①，较为全面地收录了黄质夫公开发表的著作、论集、诗歌，填补了黄质夫创办江苏界首乡村师范学校、主持浙江湘湖乡村师范学校、发起成立中华乡村教育社等史料的空白，特别是汇集了《乡村实施教育》《中等学校劳动生产训练》等重要文献，为更加全面深入地研究黄质夫乡村教育思想与实践提供了珍贵的资料。

### （二）关于黄质夫乡村教育思想的研究

#### 1. 黄质夫乡村教育思想研究

肖云慧主编的《黄质夫乡村教育思想研究》②一书，对于丰富、完善黄质夫研究的口述史起到了积极的作用。自此，黄质夫研究完成了由后人对先贤的怀念向学界对先贤思想研究的转折③。安永新、梁茂林认为，黄质夫主张乡村教育救国，提倡培养全面发展的乡村教育人才，主张乡村教育面向社会，以学校为中心改造乡村，强调教育与生产劳动相结合④。马兵在《论黄质夫的教育救国思想》一文中探讨了黄质夫教育救

---

① 王文岭，黄飞. 黄质夫乡村教育文集[M]. 南京：东南大学出版社，2017.
② 肖云慧. 黄质夫乡村教育思想研究[M]. 贵阳：贵州民族出版社，2003.
③ 王文岭. 十年来乡村教育先驱黄质夫研究述评[J]. 南京晓庄学院学报，2011(4)：1-5.
④ 安永新，梁茂林. 黄质夫的教育实践与教育思想[C]//中国地方教育史志研究会，《教育史研究》编辑部. 纪念《教育史研究》创刊二十周年论文集(2)：中国教育思想史与人物研究. 北京：《教育史研究》创刊二十周年暨教育史研究六十年学术研讨会，2009.

国思想的形成及其主要内容,强调黄质夫乡村教育思想的核心要义就是教育救国[1]。周婷婷、陈滔娜两位学者从教育救国的目的观、三位一体的人才观、第一流的教师观、工学合一的实践观四个方面,论述了黄质夫乡村教育思想体系[2]。鲁娜娜、马俊锋从乡村师范生体育方面的培养目标、严格的身体管理体系、全面的身体照看措施、体育教材的选取四个方面阐述了黄质夫乡村师范体育思想[3]。马兵、朱煜、邓峰三位学者对黄质夫乡村学校劳动教育思想开展研究,探讨了其劳动教育思想的生成逻辑、丰富内涵及其当代价值[4]。武霞的硕士论文,基于黄质夫二十余年的乡村教育实践,深入系统地研究黄质夫的德育思想体系,分析了黄质夫德育思想的特点及其当代价值[5]。

黄质夫从事乡村教育二十余年,先后创办和主持四所乡村师范学校,为乡村师范教育的发展做出了杰出贡献。因此,学界在进行黄质夫研究时,多将黄质夫乡村师范教育思想当作研究重点。在《民国乡村教育研究》一书中,黄质夫乡村师范教育思想被专门加以论述与评价。曲铁华教授认为,黄质夫与晏阳初、陶行知、梁漱溟、黄炎培等人齐名,是近代中国最具代表性的乡村教育家之一[6]。王运来教授评价说,黄质夫是中国近现代史上名重一时的乡村教育先驱和中国乡村师范教育思想的代表性人物,已然从教育作用、培养目标、教学内容、教学方式四个方面,完整地构建起了他的乡村师范教育思想体系[7]。马兵研究分析认为,黄

---

[1] 马兵.论黄质夫的教育救国思想[J].扬州教育学院学报,2010(2):26-29.
[2] 周婷婷,陈滔娜.黄质夫乡村教育思想探微[J].教育文化论坛,2017(4):85-88.
[3] 鲁娜娜,马俊锋.黄质夫乡村师范体育思想管窥[J].黑河学刊,2015(11):51-52.
[4] 马兵,朱煜,邓峰.乡村教育家黄质夫劳动教育思想及其当代价值[J].内蒙古师范大学学报(教育科学版),2022(5):44-49.
[5] 武霞.黄质夫乡村教育实践中的德育思想研究[D].太原:山西师范大学,2022.
[6] 曲铁华.民国乡村教育研究[M].长沙:湖南教育出版社,2018.
[7] 王运来.序三[M]//王文岭,黄飞.黄质夫乡村教育文集.南京:东南大学出版社,2017:5-7.

质夫乡村师范教育思想的形成主要有三方面的因素:一是受民国乡村教育运动的影响,二是深受陶行知生活教育理论的熏陶,三是黄质夫对乡村师范教育的理性思考①。胡燕在其硕士论文《黄质夫乡村师范教育思想研究》中,梳理了黄质夫乡村师范教育思想形成的过程,并从乡村师范及乡村教师的定位、乡村师范的劳动生产训练以及乡村师范生的培养三个方面,对黄质夫乡村师范教育思想的理论贡献和实践价值开展了研究②。

2. 黄质夫与陶行知乡村教育思想的比较研究

谭佛佑在《黄质夫——陶行知教育思想的伟大实践家》一文中,认为黄质夫是陶行知最早的追随者之一,是行知教育思想最忠实的伟大实践家③。蒋超群、唐玲两位学者认为黄质夫是陶行知先生的同行者,创造性地贯彻了陶行知提出的"生活即教育、教学做合一"的生活教育理论④。温大勇在《陶行知与黄质夫乡村教育思想比较研究》一文中认为:一方面,黄质夫与陶行知乡村教育思想"系出东南、颇有渊源"。另一方面,黄质夫乡村教育思想与陶行知生活教育理论"和而不同、各有千秋":黄质夫的乡村教育这一理论构想是以劳动教育为核心、生产教育为领域、生活教育为境界,有层次呈环状的整体;而陶行知的"生活教育"外延较大,囊括了劳动在内的一切与生活相关的活动。⑤ 周静、潘洪建在《黄质夫与陶行知的乡村师范教育思想、实践之比较研究》一文中,从比较的视角分析了黄质夫与陶行知在乡村师范教育思想与实践方

---

① 马兵.黄质夫乡村师范教育思想及其当代启示[J].生活教育,2020(7):10-14.
② 胡燕.黄质夫乡村师范教育思想研究[D].贵阳:贵州师范大学,2021.
③ 谭佛佑.黄质夫:陶行知教育思想的伟大实践家[J].生活教育,2006(6):57-59.
④ 蒋超群,唐玲.陶行知先生的同行者:黄质夫乡村教育思想之研究[J].南京晓庄学院学报,2010(1):5-9+121.
⑤ 温大勇.陶行知与黄质夫乡村教育思想比较研究[J].当代教育论坛(校长教育研究),2008(1):116-118.

面的异同①。

### (三) 关于黄质夫乡村教育实践的研究

朱煜等在《乡村教育家黄质夫与南京"栖霞新村"建设》一文中指出,黄质夫在主持南京栖霞乡村师范期间,为改变乡村的落后面貌,改善村民的生活,曾以栖霞乡师为中心,发起建设"栖霞新村"的乡村改造运动,在扫盲、生计、健康、村政、家事、休闲等诸多方面取得了显著的成效②。南京市栖霞区地方志办公室主编的《师之范——黄质夫在南京栖霞》一书,对黄质夫创办栖霞乡村师范学校、开展"栖霞新村"建设的教育实践进行了历史的研究和回顾③。在《"栖霞新村":黄质夫先生的乡村教育实践》一文中,徐兴昶、黄大卫两位学者从艰苦办学、延揽良师、培养领袖、心系三农、开拓创新五个方面,全面介绍了黄质夫在南京栖霞的乡村教育实践④。王文岭认为,黄质夫对中国近代教育的贡献,不仅仅在于积极推动师范教育独立,探索契合中国国情的乡村师范办学模式,还包括发起成立中华乡村教育社,积极探索"乡村教育化、教育乡村化"的发展模式⑤。

杨蕴希、孙晓黎从少数民族师资培养目标、边疆民族师范生招生和分配制度改革、少数民族地区教学改革、民族师范生爱国主义教育四个

---

① 周静,潘洪建.黄质夫与陶行知的乡村师范教育思想、实践之比较研究[J].档案与建设,2023(6):99-102.
② 朱煜,徐立刚,徐兴昶.乡村教育家黄质夫与南京"栖霞新村"建设[J].档案与建设,2016(6):51-55.
③ 南京市栖霞区地方志办公室.师之范:黄质夫在南京栖霞[M].北京:中国文史出版社,2012.
④ 徐兴昶,黄大卫."栖霞新村":黄质夫先生的乡村教育实践[J].江苏教育,2016(50):74-75.
⑤ 王文岭.黄质夫对中国乡村教育的贡献[J].生活教育,2017(10):12-16.

方面,阐述了黄质夫在贵州少数民族地区的乡村教育活动及其现实意义①。曹心宝认为,黄质夫创办的国立贵州师范学校的民族特色,主要体现在以下几个方面:一是办学选址在少数民族聚居区,二是招生和考试政策向少数民族倾斜,三是教材选用与教学改革契合少数民族实际,四是创办具有少数民族特色的"村寨教育实验区"和山寨小学②。王尤清认为,黄质夫在最为艰难的抗战期间,针对贵州乡村教育面临的具体困难,从乡村师范学校的日常规训入手,建构契合少数民族乡村文化的价值理念与教育方式,不仅为抗战御侮和边疆建设培养了大量师资人才,而且还将乡村教育思想和教育方式推广到贵州少数民族地区,为贵州乡村教育的发展奠定了坚实基础③。

综上所述,现有研究虽然取得了不少成果,但是全面系统且有深度的研究却不多见。对于黄质夫乡村教育思想的专门性研究著作,目前还是空白。学术界对于乡村教育家黄质夫的研究仍然很薄弱,有待进一步的拓展和深化。

## 三、研究思路与方法

### (一)研究思路

本书的研究思路是以黄质夫的生平及其思想产生的时代背景为切入点,将黄质夫乡村教育思想置于上世纪二三十年代教育救国特定的历

---

① 杨蕴希,孙晓黎.黄质夫在贵州民族地区的乡村教育活动及其现实意义[J].贵州民族学院学报(哲学社会科学版),2009(2):79-83.
② 曹心宝.浅析国立贵州师范学校的民族教育特色[J].贵州民族研究,2015(10):231-234.
③ 王尤清.抗战期间黄质夫在贵州少数民族地区的乡村教育实践论析[J].南京晓庄学院学报,2019(3):1-7+123.

史条件下进行考察,运用马克思主义唯物史观的研究方法,通过对相关史料、著作、期刊等文献资料的研究,力图全方位、多维度地阐述黄质夫乡村教育思想的产生背景、主要内容和实践成效,进而总结黄质夫乡村教育思想的特色和对当代的启示价值,并对其乡村教育思想给予辩证的分析和客观的评价。笔者希望通过对乡村教育先驱黄质夫教育思想系统深入的研究,弥补目前学术界对黄质夫乡村教育思想研究的不足,进一步丰富乡村教育方面的研究成果,为促进新时代乡村教育高质量发展提供借鉴。

### (二) 研究方法

#### 1. 文献研究法

本书以黄质夫乡村教育思想与实践为研究对象,所依据的文献主要是黄质夫本人有关乡村教育的论述。本书对文献的运用,主要包括《黄质夫乡村教育文集》(东南大学出版社,2017年)、《师之范——黄质夫在南京栖霞》(中国文史出版社,2012年)、《黄质夫乡村教育思想研究》(贵州民族出版社,2003年)、《黄质夫教育文选》(贵州教育出版社,2001年)、《乡村教育先驱黄质夫》(江苏文史资料编辑部,1992年),以及时人对乡村教育的考察建议和分析评论,还有各种地方志关于乡村教育实况的记载等。

#### 2. 历史研究法

本书坚持历史唯物主义和辩证唯物主义的方法论,将黄质夫乡村教育思想与实践放在具体的历史条件下进行考察,结合教育史与社会史开展研究,充分挖掘档案、报刊、地方志等历史文献,综合运用历史学、教育学、社会学等学科理论知识,借助于对相关历史人物和历史事件的分析研究,多维度展现黄质夫乡村教育思想的时代背景、生成逻辑和实践探索,从而更加深入地理解和把握黄质夫乡村教育思想。

3. 比较研究法

黄质夫乡村教育思想是中国近现代教育思想史上十分重要的一个部分。二十世纪二三十年代涌现出一批著名的乡村教育家,如陶行知、晏阳初、梁漱溟、黄炎培等,他们都在长期的实践中形成了丰富的乡村教育思想。考察和比较他们与黄质夫乡村教育思想的异同,有助于进一步拓展研究的广度和深度,提高我们对乡村教育思想的理论认识,从而为建构中国式乡村教育现代化理论体系提供借鉴和参考。

# 第一章　黄质夫生平及其教育践履

黄质夫(1896—1963),名同义,字质夫,江苏仪征十二圩人。黄质夫自幼家境贫寒,长年跟随父母参加劳动,学会了许多活计,磨炼出吃苦耐劳、不畏艰辛、奋发进取的品格。1904年,位于仪征十二圩的两淮盐务总栈创办了全县第一所新式学校——扬子高等小学,学校不收取学费,免费供给书籍和制服。黄质夫的父母不愿子女做睁眼瞎、吃文盲苦,便全力支持他入学就读。黄质夫深刻体会到穷人家的孩子上学的艰难,十分珍惜这来之不易的读书机会。他刻苦学习、成绩优秀,借助新式学堂奖学金的资助,完成了五年制初等小学和四年制高等小学的学习。1913年,黄质夫在老师的鼓励下以第一名的成绩考入江苏省立第五师范学校[1],成为中国最早的一批师范生。他在扬州读书求学的五年,发愤苦读,品学兼优,每学期的成绩均为甲等,毕业考试成绩也为全年级之冠。校长任诚(孟闲)是著名教育家,早年留学日本,归国后长期从事教育工作,将五师办成全国著名的学府。他极为赏识和器重黄质夫,耳提面命、循循善诱,对黄质夫的一生影响很大。毕业后,黄质夫由校长提名,留在

---

[1]　黄飞.黄质夫先生年谱[M]//杨秀明,安永新.黄质夫教育文选.贵阳:贵州教育出版社,2001:155.

母校(江苏省立第五师范学校)附属小学任高年级教员。

1919年,黄质夫以优异的成绩考进了国立南京高等师范学校(后更名为东南大学)农科农艺系。在求学期间,黄质夫广学博闻,成绩优异,又富有钻研精神,因而深得恩师陶行知的器重。尚在东大读三年级的黄质夫就曾受到陶行知的邀请,给一家在南京办学的流亡中学——安徽省立芜湖五中的学生们义务上课。尽管黄质夫的家境较差,但他仍效仿师长同学们为该校捐献钱款、书刊和衣物。① 黄质夫在东南大学得到众多名师的指导,认真学习并掌握了现代农业科学知识,同时也加深了对农村的感情,初步树立起了发展农业、改造乡村的志向。那时,留美学成归国的陶行知已被南京高等师范学校聘为教授兼教育科科长,富有爱国情操,与黄质夫多有交流。在陶行知的影响下,黄质夫怀着教育救国的理想,立志投身于最艰苦的乡村教育事业。黄质夫在回忆起这段学习生活时曾动情地说:"我离家外出求学时,患病卧床的母亲流着泪对我说,好好学习上进,满树的果子望你红了。我感到,这不仅是母亲对孩子的叮嘱,也是在贫困中挣扎的农家对子弟的期望。我不能忘本,一定要用学到的知识为乡村服务,为治穷出力。"②

## 第一节 崭露头角——创办江苏省立界首乡师

1924年,黄质夫从东南大学毕业后不久,应任孟闲校长之召筹建江苏省立第五师范学校界首分校(后改为江苏省立界首乡村师范学校),任主任兼校长,从此开始了他献身乡村教育事业的生涯。界首乡师地处偏

---

① 王炳毅.乡村教育家黄质夫的传奇人生[J].档案与建设,2006(11):36-38+49.
② 李仰华.黄质夫传略[M]//杨秀明,安永新.黄质夫教育文选.贵阳:贵州教育出版社,2001:163.

僻贫穷的苏北高邮县界首镇,是当时国内率先创建的一批地道的乡村师范学校之一。那里办学条件很差,教学设施简陋,一切需要从头做起。黄质夫到任后,主张"劳动建校",坚持身体力行,事必躬亲,带头苦干实干,全身心地投入界首乡村师范学校的建设和教育工作。师生们齐心协力,艰苦奋斗,一边教学,一边劳作,经过几年的努力经营,终于使学校面目为之一新,生机勃勃。乡村教育家古楳回忆说:"校舍是新建筑的,在运河之旁,……我们与学生同甘苦,大家都在同一个饭堂里吃饭,先生可以添菜,学生也可以添菜,要学生洒扫,大家都要拿笤帚、畚箕,……要学生到农家做推广工作,先生尤要率领他们同行……这一切的一切试行下来,觉得很有成效。"①

乡村师范学校以"养成适于农村生活之小学教师,指导农村教育,改进农村社会之人才"②为宗旨,兼具师范学校和农业学校两种性质。因为这个缘故,各分校均设在农村里,以期利用环境的训练,使学生受到农村生活的熏陶,养成适于农村的生活习惯和态度。为了培养新型的乡村教师,黄质夫选聘的教师职员素质都非常高,具有较高的师德、学识水平和丰富的教学经验。新中国成立后担任江苏省教育厅副厅长的乡村教育家古楳回忆道:"界首五师分校主任黄君……要聘我到界首去和他一齐干乡村教育的工作。并且他以为他是学农业的,我是学乡村教育的,乡村教育如不与农业携手共进,都不很好。"③

黄质夫认为:"乡村师范学校是乡村文化之中心。"他提出界首乡师的培养目标是:"有强健的身体、农夫的身手、勤朴的习惯、科学的头脑、

---

① 古楳.回忆在江苏界首乡师的生活[M]//王文岭,黄飞.黄质夫乡村教育文集.南京:东南大学出版社,2017:297.
② 古楳.乡村师范概要(摘录)[M]//肖云慧.黄质夫乡村教育思想研究.贵阳:贵州民族出版社,2003:372.
③ 古楳.回忆在江苏界首乡师的生活[M]//王文岭,黄飞.黄质夫乡村教育文集.南京:东南大学出版社,2017:296.

热心服务的精神、坚强的意志;毕业后既能当乡村教师,又能做农场场长,还能够兼做乡长,参加乡村建设。"①为适应乡村环境,培养乡村小学教师,学校开辟了实验农场,有水稻田二十亩、旱田四十亩,还有桑树园、蚕室、菜地、苗圃、鱼池、藕塘等劳动、实习基地。黄质夫是农学士,他担任全校的农业课教师,十分重视农业知识的传授,要求学生学会农作物栽培和鱼、蚕等养殖的本领。黄质夫在界首乡师时还创办了三所附属小学:一所在界首镇后斗园(今界首小学北面),称界首乡师实验小学;一所在界首镇东约3公里的紫英山,称界首乡师实小分部;一所在宝应芦村,称界首乡师芦村实验小学。②

此外,界首乡师还进行服务社会、改造乡村的实践,先后兴办了许多为乡村社会服务的事业,如民众学校、民众医院、民众茶社、壁报处、代笔处等等。界首乡村师范学校对社会开放,教育的对象不限于校内的学生,也不限于校外的农夫,社会人士都可以来学校观赏、受教。黄质夫主张:"学校社会化,社会学校化。学校要和社会打成一片,然后才是真正的教育。"黄质夫以学校为试验基地,办起了实验农场,改良农村农业生产。他要学校从外地引进农作物良种进行试种,成功后向农民推广,并向农民传授果木嫁接、推广良种等农业技术知识,促进农村经济发展。同时,黄质夫还带领界首乡师的师范生到农民家中去访问、观察、宣传、讲演、劝学。他擅长采用深入浅出的方法和农民讨论各类问题,或是时事政治,或是农事,或是卫生,或是教育,因此农民很是乐意与他交谈。

黄质夫在界首艰苦创业,亲自筹划,建造校舍,置办设备,聘请教师,招收新生,又自己动手制订教学计划和课程设置方案,还办起了实验农

---

① 肖维琪. 黄质夫创办界首乡师[M]//肖云慧. 黄质夫乡村教育思想研究. 贵阳:贵州民族出版社,2003:234.

② 肖维琪. 黄质夫创办界首乡师[M]//肖云慧. 黄质夫乡村教育思想研究. 贵阳:贵州民族出版社,2003:235.

场,教学、生产、劳作有声有色,一时名声大振。当时,界首乡师是全国率先创办的乡村师范学校之一,也是全省乡村师范学校中办得较为出色的一所学校。黄炎培、江问渔、袁观澜等著名教育家专程到学校参观考察,对界首乡师给予了较高的评价,认为全省黄渡、吴江、洛社、栖霞、界首五个农村分校,按次序排界首分校是最后,但从办学成效来看,那应该是倒过来,就是五、四、三、二、一,界首分校则是在最前面。① 黄质夫主任听到这个赞词十分满意,也常以此自豪,他离开界首以后,曾撰文提起过去界首分校"誉冠全苏"。20世纪30年代出版的《乡村师范概要》一书中,多处提到界首乡师,介绍其办学成就和办学经验。

  1927年春夏间因北伐战争,界首乡师遭到严重破坏,经费来源断绝。学校有半年领不到经费,黄质夫组织师生尽力保护学校,并提出"先生不拿钱,学生带饭来吃"的口号,坚持继续上课。在学校极端困难的情况下,他仍然关心民众的疾苦,履行乡师为社会服务的宗旨。孙传芳的军队溃退时,大肆抢劫掠夺,许多商店、居民受害。镇上最大的一家商店元兴当典是高邮城绅士马士杰开设的,因建筑坚固、财物隐藏秘密,损失较小。而事后当典总管戴培心怀叵测,对外扬言被洗劫一空,并拿3600块银元贿赂当地土豪卜世功、林作纯及地方官吏,以附和其说,不给典当者取赎,阴谋侵吞民众典质的财物。穷人寅吃卯粮,挣扎度日,有"夏当被,冬当帐,以当赎当,当还当,一年四季挨时光"的俗谚,可见典当人当时的困难。此时学校校长黄质夫得知真情,愤愤不平,立即组织全校师生并发动贫苦群众,举行全镇大规模游行示威,标语满墙,口号震天,搞得轰轰烈烈,震动了高邮全县及苏北各地;并亲自到县政府检举告发,要求政府追查严办,迫使县政当局做出处理。结果当事人卜世功判刑入

---

① 华士林.回忆五师分校和黄质夫先生[Z]//江苏省政协文史资料委员会,仪征市政协文史资料委员会.乡村教育先驱黄质夫.南京:江苏文史资料编辑部,1992:28.

狱,所有典当财物全部让人取赎。界首乡师师生的正义行动受到民众的称赞,黄质夫刚直不阿、不畏强暴、为民除害的事迹仍长久地留在苏北界首人民的记忆中。①

## 第二节 锐意改革——创办江苏省立栖霞乡师

  1927年夏,江苏省实行大学区制,黄质夫应江苏省立南京中学之聘,调任南京中学乡村师范科主任。他对陶行知辞去东南大学教授一职,亲自下乡办学,十分钦佩。这时,中华职业教育社黄炎培邀请他主持江苏昆山农业改进实验区,他却辞去了这个令人艳羡的岗位,决心继续从事乡村师范教育工作。黄质夫接收栖霞乡师不久,正值军阀孙传芳军队南犯,栖霞山成为战场,学校设施损坏严重,破败不堪,"窗门校具悉充燃料,图书仪器散失殆尽"②,"其时校中已驻兵日久,屋漏墙圮,尘封秽积,仅一类似之破庙耳"③。黄质夫不顾危险住在学校里守护校产,几乎以身殉校。战事一结束,黄质夫立即着手学校的恢复、建设工作。在办学经费严重短缺的情况下,黄质夫提出"劳动建校"的口号,他提倡全校教职员工和学生同吃,同住,同学习,同劳动。"举凡事之可以不假手工匠者,莫不由全体师生通力合作为之。尽人力以济财力之穷,非仅习劳

---

  ① 高庆森,胡百麟. 黄质夫与界首乡村师范[Z]//江苏省政协文史资料委员会,仪征市政协文史资料委员会. 乡村教育先驱黄质夫. 南京:江苏文史资料编辑部,1992:31.
  ② 黄质夫. 栖霞乡师十六年度之回顾[M]//王文岭,黄飞. 黄质夫乡村教育文集. 南京:东南大学出版社,2017:131.
  ③ 黄质夫. 为南京中学栖霞乡村师范事告远近乡教同志书[M]//杨秀明,安永新. 黄质夫教育文选. 贵阳:贵州教育出版社,2001:52.

而已也。"①

黄质夫以身作则,勤俭办学,茹苦含辛,惨淡经营,"于无可设法之中,勉力筑成校舍一百数十间,购置民地数十亩,举凡办公室,教室,自修室,宿舍,饭堂,储藏室,炊事室,浴室,洗衣室,村民图书馆,栖霞商店,工场,农场,民众科学馆,民众娱乐馆,栖霞医院,栖霞旅舍,栖霞公园,民众茶园,实验小学等,无不应有尽有。此外又添置校具数千件,购置图书仪器约二千元,编辑乡教刊物十种"②。仅用了几个月的时间,就恢复了学校原先的面貌。当时在江苏教育界,黄质夫被人称为"两个建设的能手"之一,"他的建设能力之强,为全省冠。他在界首乡师,帮界首建设了很多的房屋和树木;他到了栖霞乡师,便把学校建设得如公园一般,使游览栖霞的人,没有一个人不钦佩他的建设能力"③。

黄质夫非常重视乡村师范生的培养,他在创办栖霞乡村师范学校时,就明确提出了全面完整的乡村师范生培养目标。他希望乡村师范生要"了解乡村社会情形,熟知农民习性,安于乡村生活,视改造乡村为最有乐趣的事业"。学生毕业后,"不仅希望他们做一个良好的乡村教师,还希望他们去做灌输农民知识,改进农民生活的导师,发展乡村社会事业的领袖"④。乡村师范学校要"施以最适当之科学教育、最严格之身心训练并注重生活作业,农事操作,社会服务,教育实习;以期养成道德健全,学术优良之乡村师资,俾能于服务乡村社会时以丰富之学术,耐劳之

---

① 黄质夫.栖霞乡师十六年度之回顾[M]//王文岭,黄飞.黄质夫乡村教育文集.南京:东南大学出版社,2017:133.
② 黄质夫.为南京中学栖霞乡村师范事告远近乡教同志书[M]//杨秀明,安永新.黄质夫教育文选.贵阳:贵州教育出版社,2001:52.
③ 陈邦贤.《自勉斋随笔》二则[M]//肖云慧.黄质夫乡村教育思想研究.贵阳:贵州民族出版社,2003:367.
④ 黄质夫.中国乡村的现状和乡村师范生的责任[M]//杨秀明,安永新.黄质夫教育文选.贵阳:贵州教育出版社,2001:5.

精神,俭朴之习惯,热烈之心肠,设法增益农民知识,改良乡村组织,提高农民生活,实现农有、农治、农享之新农村"①。

为了培养优良的乡村小学师资,黄质夫从招生源头做起,他把愿意终身服务于乡教事业作为入学的条件。他特地在栖霞乡师的招生简章上写上"最后忠告":"考生于考本科前务必郑重考虑为何投考本科,将来是否愿从事此物质报酬菲薄之乡教事业,若是意志薄弱、见异思迁,将来无服务于乡村社会之决心者,请不必为本科区区免费之待遇而轻易来一试。徒劳往返跋涉,致公私双方均蒙莫大之损失也。"②黄质夫希望乡村师范生要养成终身服务乡村教育的决心和兴趣,"对于本身职业,有浓厚的兴趣,肯认定他的职业为终身职业"③。黄质夫在《栖霞乡师招生简则》中明确指出:"毕业后须终身服务乡村小学,或从事农村改进事业。学生在修业期中,如认为不适宜乡村师范教育时,随时得令其退学。"④据江苏省档案馆馆藏校刊记载,黄质夫在给毕业生的赠言中谈道:"乡村师范生,应该在一个学校服务十年、几十年,终身从事乡村教育才好。例如我便情愿永远在这里服务,没得校长做便做教员,甚至做校工也情愿。我希望大家也有此心。许多校友都要到京省一带来服务,以为这样才是本位向上,殊不知古人有句话:'维桑与梓,必恭敬止',所以本届毕业生应该回到家乡服务。毕业学生,怕到家乡服务的理由,是借口于环境不好。须知环境的好坏,都是人造成功的;越是不好越要设法改进,而且惟

---

① 黄质夫.栖霞乡师课程概要[M]//杨秀明,安永新.黄质夫教育文选.贵阳:贵州教育出版社,2001:12.
② 黄质夫.栖霞乡师招生简则[M]//杨秀明,安永新.黄质夫教育文选.贵阳:贵州教育出版社,2001:18-19.
③ 黄质夫.中国乡村的现状和乡村师范生的责任[M]//杨秀明,安永新.黄质夫教育文选.贵阳:贵州教育出版社,2001:5.
④ 黄质夫.栖霞乡师招生简则[M]//杨秀明,安永新.黄质夫教育文选.贵阳:贵州教育出版社,2001:18.

其不好的地方,改进易见功效。我们怎么可以放弃这种好的机会呢? 古人有云:'言忠信,行笃敬,虽蛮貊之邦,行矣。'"①

在创办栖霞乡师的过程中,黄质夫几次与行政当局及当地恶势力作斗争,表现了他刚正不阿的品格。栖霞乡师创办之初,校址选在栖霞山东麓,当时那里一片荒野,部分土地还属栖霞寺僧所有。为扩大校舍,1930年发生了震动教育界的与寺僧争夺土地一案。栖霞寺方丈寂然倚仗后台——国民政府考试院院长戴季陶的势力,诬告黄质夫挖坟毁墓,抢占寺庙土地,南京法院遂将黄质夫拘捕入狱。此事引发教育界人士公愤,江苏省中等学校校长联名发表公告,谴责栖霞寺僧和司法部门的不法行为,京沪等地报刊舆论也进行声援,风潮波及教育界。南京法院在这种形势下,不得不撤销原判,宣布无罪释放。黄质夫当日赶回学校,不顾劳累,立即召开师生大会。在会上,他愤怒地控诉了封建势力的黑暗,讲得声泪俱下。他为乡村师范教育事业,不畏权贵,刚直不阿,师生无不为之感动。②

1932年之前,栖霞乡师隶属南京中学。黄质夫与晓庄师范陶行知等几位有志乡村教育的校长共同研讨改革,呼吁江苏省的乡村师范学校独立办学,再加之黄质夫"生性憨直,不善逢迎",引起校长章桐和当局的不满,遭到迫害。1930年,行政当局先是借口乡师有"反动"学生,找黄质夫谈话,要将他调离乡师;随后又以行政手段,派人来乡师接收,强迫他去职。在这样的情形下,黄质夫被迫离开了栖霞乡师。为了说明他离开栖霞乡师的原因,黄质夫发表了《为南京中学栖霞乡村师范事告远近乡教同志书》,诉述自己离开"朝斯夕斯,寝斯食斯"的栖霞乡师,"非忘情于乡村教育而去也,亦非不顾事业而去也,乃因环顾现时之是非颠倒,黑

---

① 刘兢兢.黄质夫与乡村师范教育[J].档案与建设,2004(6):40-41.
② 秦羽如,葛庆文.回忆栖霞乡师[M]//肖云慧.黄质夫乡村教育思想研究.贵阳:贵州民族出版社,2003:245.

白混淆,不得已而去职也","身体虽去,而精神上终不能忘也"①。

1930年8月,黄质夫经中央大学农学院院长梁希的介绍,担任中央大学农学院推广处指导主任。1931年6月,黄质夫应浙江省教育厅厅长张道藩之聘,担任浙江省立湘湖乡村师范学校校长。他虽然主持校务工作只有九个月时间,但仍保持着干练高效的作风。他规划学校发展,改善办学条件,调整组织机构,密切学校与社会时局和地方生活的联系;他关心学生,改进和加强招生、教育教学、教育研究、毕业生等方面的工作,使湘湖乡村师范学校的面貌有了明显改观,也为后任校长的治校办学提供了良好条件和基础。②

1932年初,栖霞乡师获准从南京中学独立出来,成为江苏省立乡村师范学校后,黄质夫回到栖霞乡村师范学校继续担任校长。在黄质夫的主持下,栖霞乡村师范学校办得很出色,取得了一系列令人瞩目的成绩,得到了当地民众乃至教育界的好评。栖霞乡师成为当时江苏省立乡村师范学校中的佼佼者,被誉为晓庄师范的姊妹学校,晓庄师范的师生也常去参观学习。《栖霞新村》半月刊载:"晓庄学校张宗麟、邵仲香二先生率领学生三十余人来校参观。""全国各地的教育界和社会名流、参观者、取经者络绎不绝。……梁漱溟、马寅初、黄炎培、陶行知、郭秉文、陈立夫、张治中、竺可桢、徐悲鸿等先生都曾到乡师作过演讲。可以这么说,在20世纪30年代,把乡村师范办得这样虎虎有生气的,在中国还没有第二所。"③有的考察报告对栖霞乡师作出了肯定而客观的评价:"该校设备之整洁,工作之紧张,教学之认真,学风之纯朴,教职员精神之团结,

---

① 黄质夫.为南京中学栖霞乡村师范事告远近乡教同志书[M]//杨秀明,安永新.黄质夫教育文选.贵阳:贵州教育出版社,2001:52-56.
② 阚沛霖.我校第五任校长黄质夫[M]//肖云慧.黄质夫乡村教育思想研究.贵阳:贵州民族出版社,2003:252.
③ 朱煜.教育家黄质夫与民国时期"栖霞新村"建设[J].历史教学问题.2009(2):57-60+21.

有非他校所可及者";"栖霞乡师在乡村教育上独树一帜,它的开拓创新精神和成果,是同类学校中的佼佼者"①。

为了更好地改进乡村生活,推进乡村建设,1932年4月,黄质夫联络乡教同人筹备成立中华乡村教育社,栖霞乡师负责筹备通信工作。中华乡村教育社成员人数共有三千人以上,区域达十五省,个人社员多为当时教育界知名人物,如任孟闲、俞庆棠、梁漱溟、黄质夫、金海观、古楳、邰爽秋等,团体社员以各省乡村师范和民众教育馆为主。经过一年多的筹备策划,1934年1月,中华乡村教育社在栖霞乡村师范学校举行成立大会,大会选举黄质夫、彭百川为常务理事,明确该社以"集中全国乡村教育同志之力量共谋乡教运动之开展"为宗旨②,并讨论通过《中华乡村教育社第一年度工作计划大纲》,具体如下:

1. 继续征求会员;
2. 组织各地分社;
3. 征收社员入社费、常年费及特别捐,作为本社公费;
4. 请求党政机关划拨的款,作为本社事业费;
5. 调查国内各地农村教育、农村经济及农民生活状况;
6. 调查外国各地繁荣农村,及乡村建设各种设施方法;
7. 选译各国地方自治农村教育,及乡村经济著名书报;
8. 编辑《社友通讯》《乡教杂志》及"乡教丛书";
9. 特约国内著名乡教机关担任本社各种实验工作;
10. 辅助个人或机关对于乡教之实施或改进;
11. 建议各省教育厅,以各乡师所在地为乡教实验区。③

---

① 李仰华.黄质夫传略[M]//杨秀明,安永新.黄质夫教育文选.贵阳:贵州教育出版社,2001:166.
② 王文岭,黄飞.黄质夫乡村教育文集[M].南京:东南大学出版社,2017:322.
③ 王文岭,黄飞.黄质夫乡村教育文集[M].南京:东南大学出版社,2017:321.

1935年冬,黄质夫参加江苏省教育厅组织的教育考察团,去华北一些省市参观考察中等教育和乡村教育工作。1937年春,他参加江苏省教育厅组织的教育考察团,去日本参观考察中小学和农业教育。1937年"七七"卢沟桥事变后,抗日战争全面爆发,接着"八一三"淞沪战役打响。11月中旬,战火已逼近南京,栖霞乡师仍坚持开学授业,黄质夫带领师生进行抗日宣传,慰劳前方撤下来的伤病官兵。11月22日,栖霞乡师被迫停课疏散师生,黄质夫主动留校看守校产,直至日军向南京发动进攻的前几天,即12月1日,才离开学校踏上流亡的道路①。1937年底,黄质夫在汉口参与组织江苏流亡员生旅汉联合会,被推选为联合会常务委员,后又任江苏战时员生收管所所长,负责收容、接济流亡中小学教师和青年学生。1938年1月,黄质夫任国立贵州铜仁中学校务委员兼高中部主任,负责主持学校工作。1938年7月任湖南省农业改进所技师兼榆树湾工作站主任、沅芷垦区办事处主任,负责收容流亡内地的师生和难民。②

## 第三节 辗转办学——创办国立贵州师范学校

1939年9月,黄质夫辗转来到贵州,任贵州省立贵阳乡村师范学校校长。这所学校原先管理不善,秩序混乱,不断爆发学生运动,先后换了三任校长,学校有停办的危险。黄质夫受命于办学艰困之际,他在恢复学校正常教学秩序的同时,认真调查研究,发现了该校在办学上存在的

---

① 李仰华.黄质夫传略[M]//杨秀明,安永新.黄质夫教育文选.贵阳:贵州教育出版社,2001:167.
② 黄质夫.自传[M]//肖云慧.黄质夫乡村教育思想研究.贵阳:贵州民族出版社,2003:350-351.

问题:一是乡村师范办在贵阳省城近郊名不符实,乡村教育难以得到广泛、有效的实施;二是青岩人烟稠密,学校的校基狭小,周围又无余地,缺乏发展各项事业的条件;三是青岩离省城近,物价飞涨,米价高昂,学生餐餐牛皮菜、顿顿难吃饱,生活极其困难。

黄质夫认为:"乡村师范,宜在乡村。边疆师范,宜在边疆。且尤宜在土著同胞聚居之边远县,以培养大量人才,开发和建设山区之经济、文化,是为办学之宗旨。"[①]这是他在总结界首、湘湖、栖霞、青岩等乡村师范学校经验的基础上得出的结论。为了开发贵州边远少数民族地区的文化教育事业,改变边疆地区贫愚落后的面貌,使乡村师范学校真正成为改造乡村社会的中心,黄质夫大胆提出"新开天地,另辟美好教育环境"的迁校设想。1939年11月,黄质夫率领几名教职工,以学生杨成章(榕江人,侗族)、吴道成(麻江人,苗族)为向导,跋山涉水,徒步前往龙里、贵定、都匀、八寨、三合、都江、榕江、黎平等县,实地勘察选择校址,沿途说明择址办学之来意,申述树人育才之大义,最后选定少数民族聚居的榕江为学校本部新址,并在黎平办一所分校。

黄质夫选择在榕江创办乡村师范学校有多种原因,除了他为发展边远地区教育事业的热忱以及不怕艰难困苦的精神外,更多的考虑是因为榕江民情淳朴,土地肥沃,物产丰饶,气候尤佳,地理位置、自然环境皆为好地方,尤其"此地城乡父老,热情欢迎我们来此办学,发展文化教育。且商定划拨全城地域之一半,良田百余亩,荒山二十万余亩,作兴业之基地;又划出中心小学、三义宫、中山公园及有关会馆、公祠多处,为校舍住宅用房。如斯办学胜地,优异至佳。故决定将我校南迁于此,新开天地,另辟美好教育环境。愿我全体师生,为摆脱困境、追求理想、开拓前程、

---

① 黄质夫.致贵阳师范学校师生书[M]//杨秀明,安永新.黄质夫教育文选.贵阳:贵州教育出版社,2001:102.

恢宏志气、展鸿鹄高翔羽翼,作有胆识之创举;立十年树木、百年树人之大计,为智勇双全、手脑并用、就业之好汉,建成学校教学理想之园地"①。1940年2月,经国民政府教育部批准,在榕江当地各界的全力支持下,黄质夫将贵阳青岩乡村师范学校迁至榕江县,正式更名为国立贵州师范学校,直属教育部。学校性质为边疆师范学校,招生范围扩大到湖南、广西、贵州三省少数民族聚居的30个县。

学校初迁至榕江时,几乎没有任何设备,一切均待开辟。黄质夫带领全校师生抵达榕江后,立即组织师生开展了轰轰烈烈的建校劳动。师生员工同心同德,齐心协力,披荆斩棘,开辟荒芜,汗流浃背,夙夜不懈,一个生龙活虎般的劳动建校序幕拉开了。黄质夫为了激发师生劳动建校的热情,他还亲自撰写了《劳动建校歌》歌词,采用《保卫黄河》的曲调,由音乐教师敖克成教唱,歌声在热火朝天的工地上此起彼伏:

要享乐,先流汗。
教育即生活,生活要生产。
春耕秋收仓廪满,弦歌一堂乐洋洋。
衣食住行,师生合作分工干,
管教养卫,我们同学都能担。
扛起了镰刀、锄头,
拿起了笔杆、枪杆,
建设自己、建设国师,
建设边疆,保卫大西南!②

---

① 黄质夫.致贵阳师范学校师生书[M]//杨秀明,安永新.黄质夫教育文选.贵阳:贵州教育出版社,2001:103.
② 黄质夫.劳动建校歌[M]//杨秀明,安永新.黄质夫教育文选.贵阳:贵州教育出版社,2001:368.

歌声发自肺腑,唱出了劳动建校的意义,激发了师生的劳动热情。就这样,全校师生群策群力,实干苦干,砌校舍、修道路,建农场、兴工厂,经过半年多的奋战,国立贵州师范学校气象一新。道路纵横整齐、四通八达;教室食堂屋舍俨然;田间庄稼绿色满园;畜牧场里牛羊成群;工厂车间生气勃勃;校园里书声琅琅,歌声飞扬……整个学校显得生机勃勃,欣欣向荣,呈现出一派繁荣景象。

黄质夫在主持国立贵州师范学校期间,对学校培养师范生的人才规格,不仅坚持了在栖霞乡师提出的培养新型师范生的目标要求,而且还结合当时抗日战争的社会环境和边疆的落后状况,对边疆师范教育的办学宗旨和人才培养目标在内容上有了新发展和新要求。在《国立贵州师范学校招生简章》中就明确指出:"本校首在造就边疆国民教育健全师资,培养边疆建设基层人才。"黄质夫在他撰写的《我是师范生》《国师学生怎样》这两首歌词中作了具体的表述,他要求师范生"热血满腔,做人做事,至大至刚,丝毫无愧俯仰,学有专长,当仁不让,献身教育,造福边疆",具备"能工,能农,能商,能教学,能生产,在后方能保安,上前线能作战"的综合素质,具有开发边疆和为抗战服务的真实本领。

国立贵州师范学校的规模很大,设有三年制的高师部,以培养边地高小师资;四年制的简易师范部,以适应边远山区培养初级小学师资;三年制初中部,以解决因交通闭塞民族山区小学毕业生外出升学困难,也为高师部以后就近招收一部分初中毕业生创造条件;一年制教师训练班,以适应边地发展小学一、二年级急需师资;一年制工读班,每年招收新生落榜的农村贫困学生,享受公费,实行半天读书、半天劳动,实为简师部的预备班;六年制的附属小学,是适应师范生教育实习和开展小学教育研究的基地①。由于学校适应边疆地区的教育发展,治校严谨,教学质量高,不仅贵州省各县的学生积极报考该校,而且还吸引了湖南、广西、云南乃至广东、湖北的不少学生前来报考,他们均以考取国师为光荣。迁校前,贵阳乡师仅有4个班级、150多名学生,迁校后最多时有16个班级、近千名学生,成为贵州省内办学规模最大的一所边疆师范学校。

黄质夫在办学方面,主张"教、学、做合一",提出"教育即生活,生活要生产"的口号,倡导"树人树木,且耕且读"。黄质夫以学校的名义给教育部的一份报告中说:"为养成学生双手万能与生产劳动技能,以适应边疆社会,改善边民生活,特呈请教育部准许本校专业训练与生产劳动训练同时并重。"黄质夫主张:"除去农工艺之实施外,举凡校内炊事、杂务、文书、教导等事务,皆可以训练学生助理,借以减少雇佣工役职员之经费。贵州地广人稀,荒山隙地,随处皆是,学校人力众多,吾人应善为利用,从事农林畜牧及其他生产事业,进而改进社会生产,则生产教育目的,不难提早实现。"黄质夫还非常注意学校教育与社会教育相结合,引导学生了解社会、服务社会。学校设有推广处,下设社会服务、地方教育辅导、边疆文化研究三个小组。其推广事业除保持栖霞乡师时的内容外,还特别提出:"以边疆师范为推进边教之中心机关,对这些语言文化具有特殊性质之边胞,先从调查研究入手,办理各种社会福利事业及宣传劝学等项工作,然后进而举办各种教育事业。"②他主张在乡村办农民夜校,将扫盲作为学校任务,派高年级学生任夜校教师,每晚授课2小时,要求每个师范生要教会每个学员认识800~1000个字。仅据1940

---

① 杨朝富.黄质夫乡村教育思想在民族地区的实践与发展[M]//肖云慧.黄质夫乡村教育思想研究.贵阳:贵州民族出版社,2003:177.

② 梁瓯第,等.国立贵州师范学校概况[M]//杨秀明,安永新.黄质夫教育文选.贵阳:贵州教育出版社,2001:303-304.

年8月至1941年4月的统计,就培训学员400余人。

黄质夫大力提倡尊师重教,要求政府"改进师范生之待遇,以鼓励青年升学师范,提高国民教师之薪给,奖励师范生乐于服务教育。"[1]据黄质夫调查统计,"年来师范学校招考学生,常寥寥无几,原有在学之学生,亦多纷纷请求退学者。以贵州省为例,1938年,全省师范学校为47个班,学生1685人;1939年为46个班,学生1557人;1940年为42个班,学生1244人,其中学校有每班平均15人者。班级及学生数有逐渐减少之趋势,此种现象,不仅贵州一省如此,全国各省大都皆然,是不可不谓为师范教育前途之危机。"[2]为了改变"师道日衰,教育事业渐为人所轻视"的状况,他一方面极力呼吁政府"须移风易俗,提倡师道,使社会上恢复尊师重道之美德,以树立教师之自尊心,重其责任,有所慰藉";另一方面强调师范学校"应注意学生专业精神之训练,培养其终身乐于从事教育之旨趣,确认教育为清高神圣之事业,养成淡泊自甘,刻苦自励,穷且益坚,奋斗不懈之精神"[3]。

黄质夫十分关心教师的生活,国师创办时经费虽然十分紧张,但在创办学校的同时仍从有限的经费中拨出一定的经费兴建教职工宿舍,使教师进校便能安居。学校生产的农副产品,也优先供应教职工家属[4]。一旦有哪位教师生病不适,黄质夫都要亲自登门看望慰问。黄质夫提倡尊师重道,热爱学生,甚至说"不敬师长、天诛地灭"。国师规定有三条纪

---

[1] 黄质夫.实践的师范教育[M]//杨秀明,安永新.黄质夫教育文选.贵阳:贵州教育出版社,2001:106.

[2] 黄质夫.实践的师范教育[M]//杨秀明,安永新.黄质夫教育文选.贵阳:贵州教育出版社,2001:105.

[3] 黄质夫.实践的师范教育[M]//杨秀明,安永新.黄质夫教育文选.贵阳:贵州教育出版社,2001:107.

[4] 张友仲.试谈黄质夫先生的尊师爱生情结[M]//肖云慧.黄质夫乡村教育思想研究.贵阳:贵州民族出版社,2003:85-86.

律,其中第一条就是对不敬师长的学生给予开除处分。他要求学生养成尊敬老师的习惯,路上遇见老师要站到路边行礼,早上上学见到老师要说"老师早",中午见到老师要说"老师好",老师必答"同学早""同学好",以示师生互相尊重。国师的学生还唱有由黄质夫作词作曲的《尊师重道》歌:

  巍巍吾师,安贫乐道,夙夜匪懈,辛勤劬劳,暮暮朝朝,舌疲唇焦,严父慈母恩同天高。文化赖指导,品德赖敦淘,不厌不倦,任怨任劳,身心憔悴为吾曹。饮水思源,有德必报,严父慈母恩同天高。①

  在国立贵州师范学校期间,黄质夫与榕江的地方恶势力坚决斗争,绝不退让。1944年,榕江县成立三青团榕江分团筹备处,要在贵州师范学校中发展国民党员和三青团员,遭到了黄质夫的严正拒绝。时任榕江县县长刘仰方贪婪,克扣师生口粮,上面给学生发放粮食,规定是一斗6.6公斤,而他发给学生只有一斗6公斤。黄质夫据理力争,派人代表学校去结算,要求补历年所扣粮食,并会同有关部门校验衡器,迫使供应单位交出小秤小斗。刘仰方理屈词穷,恼羞成怒,说国师"无理取闹",学校最后提出通牒,限刘仰方三天答复。刘仰方怕师生闹事,在当天晚上,派两名警察持枪到国师校门把守,严禁学生出校,接着县政当局又指使特务中队深夜潜入校园冲击办公室和黄质夫的宿舍,进行威胁恐吓。学生们便自动组织起来,在校长宿舍周围巡逻保卫。刘仰方是榕江一霸,罪不容诛,黄质夫决心不顾个人安危上诉,宁愿辞职也要为民除害,他愤怒地说:"我一定要把贪官告倒,如输了就离开。"他即刻宣布由工场主任赵峻山代理校务,并鼓励师生一如既往,励精图治,艰苦创业,建设国师

---

① 黄质夫.尊师重道[M]//杨秀明,安永新.黄质夫教育文选.贵阳:贵州教育出版社,2001:372.

和边疆。不久后,刘仰方就被处决了。①

1945年抗日战争胜利后,黄质夫在赴重庆途中不幸遭遇车祸,右耳失聪,自此离开了教育界。从四川回到江苏后,黄质夫先后担任江苏省建设厅技正兼经济农场场长、农林部棉产改进处技正兼金陵指导区主任。1949年,解放战争节节胜利,国民政府土崩瓦解,机关团体纷纷离开南京,知识分子也在寻找出路。当时在苏北解放区的中共领导干部杜干全委托南京地下党找到黄质夫,请他留下来迎接新中国,参加新中国建设。杜干全是黄质夫栖霞乡师的早期学生,时为苏皖边区第二行政专署负责人。他说:"我们共产党办教育,需要像黄校长这样的人,黄校长的办学主张与我党一致,在新中国将大有作为。"于是,黄质夫率全家留了下来,满怀激情参加新中国的建设。当时南京已相当混乱,棉产改进处位于郊区,乡区治安状况更差。为保护国家财产,黄质夫挺身而出,并挽留几位工友,坚持住在处里,日夜巡逻照看。南京解放后,棉产改进处价值数百万美元的设备物资完好地回到人民手里。② 1949年南京刚解放不久,时任华东军区司令员、上海市市长陈毅盛宴黄质夫,感谢他在栖霞乡师为革命培养出大量学以致用的人才。陈毅元帅高度评价黄质夫说:"你是位教育家,办的栖霞乡师很是出名呐。抗战初期走上抗日战场的乡师学生有100余名,在新四军军部等单位的就有31名。你保护国家财产不受任何损失的事迹,董老(董必武)已告诉我了,很不简单,我们党和政府感谢你。"③

1950年2月至1953年10月,黄质夫先后任苏南棉麻指导所业务组

---

① 笔者根据黄质夫之子黄飞先生口述资料整理。
② 李仰华.黄质夫传略[M]//杨秀明,安永新.黄质夫教育文选.贵阳:贵州教育出版社,2001:179.
③ 甘乃伟.陈毅元帅盛宴黄质夫[M]//南京市栖霞区地方志办公室.师之范:黄质夫在南京栖霞.北京:中国文史出版社,2012:143.

干部、江苏丹阳轧花厂厂长和江苏省农林厅经济作物处技正。1953年，黄质夫离职居家，开垦荒山，躬耕田园，自食其力。1963年9月23日，黄质夫在南京栖霞山家中去世。1987年，黄质夫的冤案得到平反，被历史尘封的影像再次清晰地出现在人们的视野中，他的名字被载入江苏和贵州等省教育史册。[①] 在新时代社会主义新农村建设时期，黄质夫为改变中国乡村落后面貌奋斗一生的精神和事迹必将成为激励后人奋进的不竭动力和宝贵财富！

---

① 王文岭.黄质夫对中国乡村教育的贡献[J].生活教育，2017(10):12-16.

# 第二章　黄质夫乡村教育思想的生成逻辑

　　教育思想是指人们在一定历史时代的社会条件下,在教育实践基础上形成的对教育现象与问题的认识和看法①。黄质夫乡村教育思想有其特定的时代背景和生成逻辑,其中既有社会的客观缘由,也有他自身的思想渊源。黄质夫教育救国的历史使命、乡村师范教育的实践基础以及对中外教育思想的考察借鉴,促使其乡村教育思想得以形成并不断走向成熟。黄质夫乡村教育思想的形成主要有三方面的因素:一是受到民国乡村教育运动的影响;二是受到陶行知乡村教育思想的熏陶;三是基于黄质夫在长期的实践基础上对乡村教育的理性思考。

## 第一节　民国乡村教育运动的影响

　　二十世纪二三十年代,乡村政治混乱动荡,乡村经济萧条凋敝,乡村教育破败落后,所有的一切均表明近代中国乡村社会已陷入深重危机。

---

① 孙培青,李国钧.中国教育思想史[M].上海:华东师范大学出版社,1995:前言1.

面对乡村社会的衰败境遇,以余家菊、晏阳初、陶行知、黄炎培、梁漱溟、俞庆棠等为代表的一批有识之士,基于教育救国的理念与共识,提出了通过大力发展乡村教育提高国民素质,进而改造乡村社会,实现中华民族振兴的时代命题。于是,在中国广袤的乡村大地上,掀起了一场声势浩大、影响深远的乡村教育运动。

## (一) 近代中国乡村社会的危机

### 1. 乡村政治的混乱动荡

辛亥革命爆发后,北洋政府各种势力的斗争与冲突不断,特别是军阀的混战割据更是加快了乡村社会的裂变与衰落速度[①]。在帝国主义的政治干预和煽动挑唆下,皖系、直系、奉系、滇系、桂系之间的战争不断,导致新旧政权更迭频繁,军阀与乡绅之间相互勾结,对乡村民众横征暴敛,巧取豪夺,农民只能任凭军阀、土匪和劣绅欺凌与宰割。乡村社会完全是个"无法"的社会,"当地的事务总是由乡绅、族长和官方领导控制,单个的村民或家庭从未在倡议、评论或制定计划方面发挥过积极作用。总的来说,人民在公共事务方面一直是愚昧、驯服和胆怯的"[②]。正如1928年黄质夫在《中国乡村的现状和乡村师范生的责任》一文中所言,"近几年来的中国,兵连祸结,弄得民不聊生,尤其是乡下人所感到的痛苦为最多。……倘若我们仔细去考察一下,真令人不寒而栗!"[③]

### 2. 乡村经济的萧条凋敝

1928年,黄质夫在深入调研当时中国乡村现状时指出:"中国的农

---

① 曲铁华.民国乡村教育研究[M].长沙:湖南教育出版社,2018:25.
② 杨懋春.一个中国村庄:山东台头[M].张雄,等译.南京:江苏人民出版社,2001:234-235.
③ 黄质夫.中国乡村的现状和乡村师范生的责任[M]//王文岭,黄飞.黄质夫乡村教育文集.南京:东南大学出版社,2017:116.

民,……因为耕地狭小,收入不多,加之苛捐杂税,重重剥削的缘故,……结果是灾害时见,旱潦迭遭,生产减少,生计困苦。"[1]近代中国乡村经济萧条凋敝,农民生活在水深火热之中,苦不堪言,究其原因主要表现在以下几个方面:首先,地租剥削日益加重。民国时期乡村土地兼并现象严重,大量土地集中在政府官员和土豪劣绅手中。据江苏省民政厅1928年至1934年间的统计,该省拥有1000亩以上土地的大地主共374个,其中有77个是国民党的官吏[2]。因此,许多农民无地可耕,只能租种豪强劣绅的土地,向地主交纳各种田租赋税。1933年,中央农业实验所调查显示,全国农户中负担佃租的农户占55%,而负担利息的农户高达62%[3]。其次,自然灾害频繁发生。据统计,1928年陕西、河南、甘肃等省大旱;1929年,全国棉田受虫害损失不下100 000万元;1931年,全国水灾严重,损失计300 000万元[4]。最后,农民收不抵支,举债度日。1932年,在被调查的16省中,欠债户占调查总农户数的43.87%,每户平均欠债额为100元以上[5]。

### 3. 乡村教育的破败落后

伴随着前所未有的政治、经济危机,以及西方资本主义的文化入侵,近代中国的乡村社会也出现了深重的教育危机。探究其症结根源,主要体现在三点:其一,乡村人才的流失。"都市与城镇文明对于乡村广大民众来说,意味着一种莫大的吸引力,促使着他们选择离土离乡。"[6]据统计,20世纪20年代农村人口的离村率为4.61%,进入30年代,农村青

---

[1] 黄质夫.中国乡村的现状和乡村师范生的责任[M]//王文岭,黄飞.黄质夫乡村教育文集.南京:东南大学出版社,2017:116.
[2] 祝彦."救活农村":民国乡村建设运动回眸[M].福州:福建人民出版社,2009:2.
[3] 沈元瀚.简明中国近代农业经济史[M].成都:西南财经大学出版社,1987:75.
[4] 罗廷光.教育与复兴农村:在国立武汉大学讲演[J].湖北教育月刊,1933(4):12-18.
[5] 彭明.中国现代史资料选辑:第四册[M].北京:中国人民大学出版社,1989:113.
[6] 苏刚.民国时期乡村师范教育制度变迁研究[D].长春:东北师范大学,2015.

年男女离村率为8.9%。乡村人口的加速离乡,不可避免地造成了乡村人才的缺乏。其二,乡村教育水平整体落后。尽管乡村人口占全国总人口85%以上,但是"拥有绝大多数人口的乡村,学校仅占全国学校总数的10%,即使是服务于乡村社会的农业学校也有将近80%设在城区"[①]。乡村学校数量的减少导致农民中的真正受义务教育者,不及百分之二,他们农业科学知识浅陋,受到各种迷信思想的束缚,自然就成了时代进化的落伍者。其三,新式教育的"水土不服"。辛亥革命以后,各地农村开始兴办新式学堂,但是具有"城市化"特征的新教育与乡村实际严重脱节,并不能给农民带来其所需要的教育。究其原因,"实以欧美教育产生于资本主义之社会,中国农民占全国人口百分之八十五,国家组织,实以农村为最小单元,其社会情形与欧美不仅相去太远,抑且根本不同,强而效之,正如方枘之于圆凿,宜其格格不入"[②]。

近代中国乡村政治的混乱动荡、经济的萧条凋敝以及教育的破败落后,暴露出乡村社会的种种弊端和严重危机,震惊和警醒了一大批有识之士。民国乡村教育自20世纪20年代初始就获得以知识界为代表的国人重点关注,甚至已经从一种思想进化为一种思潮,被知识界不断倡导并形成强大的社会运动。[③]

### (二)民国乡村教育运动的兴起

五四运动前后,我国一些知识分子从西方重视乡村教育中得到启发,特别是西方一些比较落后的国家(如丹麦),通过教育家深入农村,提

---

① 徐秀丽,王先明.中国近代乡村的危机与重建:革命、改良及其他[M].北京:社会科学文献出版社,2013:10.

② 黄质夫.服务乡教八年之自省[M]//王文岭,黄飞.黄质夫乡村教育文集.南京:东南大学出版社,2017:227.

③ 曲铁华.民国时期乡村教育的基本特征论析[J].四川师范大学学报(社会科学版),2019(3):81-89.

倡民众高等教育,既注意教授一般文化知识,也注意教授有关农业和乡村生活的种种知识,推进乡村社会的改进与合作事业的发展。他们通过民族文化和历史的教育,激发青年农民的心理与情绪,唤起民族精神的觉醒,刺激能力的发展,进而促进了丹麦乡村社会的进步和农业的发展,乃至整个丹麦民族的繁荣与强盛。美国、丹麦等国的乡村教育运动的成功经验影响了我国一批考察西方教育的学者以及留学生,如余家菊、黄炎培、陶行知、傅葆琛等人,他们从西方国家的乡村教育运动中受到启发,看到了振兴农村从而使国家得到复兴的希望,回国后便积极宣传和提倡发展我国的乡村教育。

当时中国的农民和小手工业者,共占全国人口的85%以上,且十分贫困,文化也十分落后,文盲占98%,甚至100%,都住在乡村和小城市[①]。在各种苛捐杂税、天灾人祸以及帝国主义转嫁危机的压力下,农民负担日重,生活苦不堪言,农村经济处于崩溃的边缘。中国乡村经济破败不堪,直接阻碍了乡村教育的发展。由于军阀混战、政府频繁更迭,官方教育几乎没有成效,"国民政府一直处于内忧外患的环境中,各项事业从未完全走上正轨,何暇专门顾及教育"[②]?即所谓"乱世则学校不修",而被边缘化的落后的乡村教育更是无人问津。同时由于科举制度刚刚废除,农村教育面临更多的问题,主要表现在教育体系出现断层、教育经费严重不足、师资严重匮乏三个方面。"乡村的学校只有百分之十",大量乡村子女得不到平等的受教育机会,乡村读书人数明显减少,失学人数大大增加。可以说,中国乡村教育的落后已达到极点。

乡村教育运动是20世纪20年代后期在我国兴起的一种重要的教育思潮,更是中国近代史上一次重要的社会改革运动。一些忧国忧民的

---

① 马兵.论黄质夫的教育救国思想[J].扬州教育学院学报,2010,28(2):26-29.
② 栗洪武.西学东渐与中国近代教育思潮[M].北京:高等教育出版社,2002:232.

教育家有感于民族危亡以及中国农村贫穷落后的现实,提出"改进乡村社会组织,促进乡村文化,以建设新中国"的口号,大力宣传乡村教育的重要性,倡导知识分子"到民间去""到乡村去",与农民打成一片,要求知识分子在衣食、语言、思想等方面与农民保持一致,长时期实质性地参与和具体指导乡村教育试验活动,灌输农民科学文化知识,发展农业经济生产,提升农民文化素质,改造乡村社会进而改造中国,挽救中华民族的命运。以黄炎培、陶行知、晏阳初、黄质夫、梁漱溟为代表的一批乡村教育家,怀着赤诚的爱国之心、救亡图存的美好愿望,率先抛弃了城市舒适的生活条件和环境以及大学校长、教授和政府官员的优厚待遇,"以宗教家的精神",克服各种困难,来到艰苦的农村开展乡村教育实验和乡村改造建设活动。在他们的影响和感召下,全国各地的大专院校学生和社会团体开始自发走向农村,设立乡村教育试验区,开展了声势浩大的乡村教育运动。

据资料统计,到1931年,遍及全国各地旨趣不一的乡村教育运动试验区多达193处[①]。他们怀爱国之心,抱强国之志,从城市走向乡村,积极致力于乡村教育和乡村社会改造,不仅创造了各具特色的乡村教育理论,而且开展了独具匠心的乡村教育及乡村建设的实验活动。尽管他们在从事乡村教育的思想理念、方式、途径等方面有着诸多的相异之处,但在乡村教育的目的上却可谓是殊途同归。成百上千的知识分子之所以群趋于乡村教育一途,是因为他们基于对当时社会现状的深刻分析,同样认识到中国是一个农业大国,其文化、社会均以乡村为本,而乡村经济、政治和文化的建设,都有赖于乡村教育的发展。

---

① 赵晓林."乡村教育运动"主体性价值观及其现实意义[J].教育研究,2006(3):92-96.

## 第二节　陶行知乡村教育思想的熏陶

　　陶行知(1891—1946)是我国近现代教育史上一位伟大的人民教育家。1923年陶行知与朱其慧、晏阳初等人成立中华平民教育促进会，推行平民教育，由此他的教育工作方向开始转向乡村教育。陶行知认识到乡村教育才是"立国的根本"，因为"中国以农立国，十有八九住在乡下。平民教育是到民间去的运动，就是到乡下去的运动"①。他极力呼吁要用教育的力量，来唤醒农民改造中国的农村。1927年春，为了实践自己的乡村教育思想和改造乡村的主张，陶行知辞去东南大学教授职务，放弃了优越的生活条件，在南京远郊偏僻荒凉的晓庄创办了试验乡村师范学校，这就是后来驰名中外的晓庄师范学校。

　　晓庄师范在办学的许多重要方面，勇于破除各种陈规陋习，大胆进行试验探索，取得了引人瞩目的成绩，开创了中国教育史上一条乡村教育的新路，在当时产生了重大实际作用和影响。陶行知把创办晓庄师范学校作为自己从事乡村教育的主要任务和事业起点，他的生活教育理论也是在晓庄师范开始试验和逐步形成的。乡村教育运动是陶行知生活教育理论产生的最重要、最直接的实践基础。可以说，没有乡村教育运动，就没有生活教育理论。陶行知把生活教育理论与乡村教育实践相结合，创造性地提出了以乡村生活为中心内容的乡村教育思想："乡村教育应以乡村实际生活为指针，必须适合乡村实际生活。生活中需要什么就学什么，学什么就教什么，整个的乡村生活就是乡村教育的内容。"②

---

① 陶行知.陶行知全集：第一卷[M].长沙：湖南教育出版社，1984：494.
② 陶行知.陶行知文集[M].南京：江苏人民出版社，1981：170.

黄质夫出身于贫苦农民的家庭,生长在农村环境中,了解农村的封建落后,深知农民的贫苦愚弱,这奠定了他重视农民教育、立志改造农村的宏愿。黄质夫于1920年进入南京高等师范学校学习,成绩十分优秀,对世界各国的教育思潮颇为关注。那时,留美学成归国的陶行知已被该校聘为教授兼教育科主任,学贯中西,富有爱国情操,与黄质夫多有交流,二人结成了深厚的师生情谊。黄质夫服膺其精神追求与教育理念,一直奉其为良师益友。1924年,黄质夫从东南大学毕业后,就较早地投身于乡村教育事业,先后创办和主持了江苏省立第五师范学校界首分校、浙江湘湖乡村师范学校、南京栖霞乡村师范学校和国立贵州师范学校。黄质夫与陶行知二人生活的时代相同,办学目的一致。1927年,他们同在南京栖霞地区开展了轰轰烈烈的乡村师范教育运动,黄质夫的江苏省立南京中学乡村师范科与陶行知的晓庄试验乡村师范学校,在乡村师范教育的实践中也有诸多交流与合作[①]。

## (一) 教育下乡:乡村教育的重要作用

陶行知对乡村教育改造乡村社会进而振兴民族的重要性有着清醒的认识,他在1924年10月总结平民教育运动时提出:"教育必须下乡,知识必须给予农民。"1926年他又考察了江宁、无锡等地的农村教育,在褒扬的同时又倡议师范教育也要下乡。他成立乡村教师研究会,筹办试验乡村师范学校,发表《中国乡村教育之根本改造》,筹办改进社乡村教育同志会的会刊《乡教丛讯》,用以加强宣传。他明确指出:"中国是著名的农业国。据最普通的估计,中国农民占全国人口总数之百分之八十五。这就是说,全国有三万万四千万人民住在乡村里。所以乡村教育是

---

① 周静,潘洪建.黄质夫与陶行知的乡村师范教育思想、实践之比较研究[J].档案与建设,2023(6):99-102.

远东一种伟大之现象,凡关心世界问题的人们决不至忽视这种的大问题。"①

陶行知认为:"乡村教育关系三万万六千万人民之幸福!办得好,能叫农民上天堂;办得不好,能叫农民下地狱。我们教育界同志,应当有一个总反省,总忏悔,总自新。我们的新使命,是要征集一百万个同志,创设一百万所学校,改造一百万个乡村。"②在陶行知看来,乡村教师肩负着改造乡村、建设乡村的历史使命,好的乡村教师"他足迹所到的地方,一年能使学校气象生动,二年能使社会信仰教育,三年能使科学农业著效,四年能使村自治告成,五年能使活的教育普及,十年能使荒山成林,废人生利。这种教师就是改造乡村生活的灵魂"③。

黄质夫和陶行知都十分强调乡村教育的重要性。黄质夫指出:"中国农民占全国人口的百分之八十五,自乡村教育兴,中国之教育似已得一新途径,而执之以谋改革中国教育者,方视为最切病症之药石。"在黄质夫看来,"国民教育为国家命脉所系,而师范教育乃为国民教育之母,国民教育之能否普及与能否达到预期之效果,应视师范教育为枢纽。盖以国民教育之推行,须有适量之师资,而优良师资之造就,则有赖于师范教育之培养"④。他主张乡村教育为乡村复兴之源泉,而乡村教育的发源地就是乡村师范。乡村师范学校负有"改良农村组织,增进农民生活,普及农村教育,提高农民知识,提倡农村娱乐,培养农民道德"⑤等诸多

---

① 陶行知.中国乡村教育运动之一斑:中国代表致送加拿大世界教育会议报告之一[J].教学管理与教育研究,2021(5):4-5.
② 陶行知.陶行知全集:第一卷[M].长沙:湖南教育出版社,1984:654.
③ 陶行知.陶行知全集:第一卷[M].长沙:湖南教育出版社,1984:665.
④ 黄质夫.实践的师范教育[M]//王文岭,黄飞.黄质夫乡村教育文集.南京:东南大学出版社,2017:276.
⑤ 黄质夫.我们的主张与实施[M]//王文岭,黄飞.黄质夫乡村教育文集.南京:东南大学出版社,2017:254.

责任。

### (二)倡导"教学做合一"的乡村生活教育

"教学做合一"是陶行知生活教育理论的重要组成部分,是生活教育的方法论,也是他的教学论。陶行知提出"活的乡村教育要有活的方法,活的方法就是教学做合一"①。陶行知把"教学做合一"作为晓庄师范学校的校训,他认为:"再没有一件事比明了这五个字还重要了。"他反对旧有的那种割裂教学做的思想,他指出教学做是一件事,不是三件事。他说:"教的法子根据学的法子,学的法子根据做的法子。事怎样做就怎样学,怎样学就怎样教。教与学都以'做'为中心,在做上教的是先生,在做上学的是学生。不在做上用工夫,教固不成教,学也不成学。教学做是合一的。"②

黄质夫十分认同陶行知的生活教育法,他认为乡村师范学校要施以最适当之科学教育、最严格之身心训练,并注重生活作业、农事操作、社会服务、教育实习,以期培养道德健全、学术优良之乡村师资。黄质夫主张"教学做"要以现实生活为中心,沟通教育与社会,主张"教育即生活,知识即道德,手脑须兼用,工学应合一。教材应以乡村生活为起点,整个的社会化为归宿"③。黄质夫提出"做、学、教"合一的思想,以"做"为经,以教、学为纬,采取由做而学、由学而教的原则。这就是:做什么,学什么;学什么,教什么;教是为了学,学是为了做;为做而学,为学而教,在"做中学",在"做上教"。黄质夫认为,乡村师范学校的做学教具体表现为:"对事——做,对己——学,对人——教",以期"做尽其力、学尽其量、

---

① 陶行知.陶行知全集:第一卷[M].长沙:湖南教育出版社,1984:653.
② 陶行知.陶行知全集:第一卷[M].长沙:湖南教育出版社,1984:666.
③ 黄质夫.我们的主张与实施[M]//杨秀明,安永新.黄质夫教育文选.贵阳:贵州教育出版社,2001:69.

教尽其才"①,使学校形成"做不完、学不厌、教不倦"的生动活泼、学用结合的教学风气,培养造就适应乡村社会需要的实用人才。

　　黄质夫深受陶行知生活教育理论的熏陶,在乡村教育的理论和实践方面,二人有许多相似之处。在乡村师范教育的培养目标方面,陶行知为晓庄乡村师范制定了总目标——培养乡村人民儿童所敬爱的导师,具体为五个分目标:"健康的体魄,农人的身手,科学的头脑,艺术的兴味,改造社会的精神"②;黄质夫提出乡村师范生要具备"健康的体魄、劳动的身手、科学的头脑、生产的兴趣、创造的能力"。在乡村师范教育的内容方面,陶行知认为,我们的实际生活,就是我们全部的课程;黄质夫则主张"教材应以乡村生活为起点,整个的社会化为归宿"。在乡村师范教育的方法方面,陶行知提出"活的乡村教育要有活的方法,活的方法就是教学做合一";黄质夫的见解与陶行知如出一辙,他主张"努力把教学做打成一片"③。

　　黄质夫是陶行知"生活教育"思想的传承者、光大者,又是乡村师范教育理论的开拓者、践行者④。考察黄质夫的乡村教育思想和实践,可以发现尽管受到陶行知生活教育思想的影响,但其与陶行知的乡村教育思想并不完全一致,他们的乡村教育思想有其各自的侧重点,虽殊途同归,但是各有特色。陶行知的生活教育思想是他的乡村教育理念的核心,而黄质夫的乡村教育思想主要侧重点在乡村教育、边疆的乡村教育

---

① 黄质夫.我们的主张与实施[M]//杨秀明,安永新.黄质夫教育文选.贵阳:贵州教育出版社,2001:70.
② 陶行知.陶行知全集:第二卷[M].成都:四川教育出版社,1991:12.
③ 黄质夫.栖霞乡师十六年度之回顾[M]//王文岭,黄飞.黄质夫乡村教育文集.南京:东南大学出版社,2017:132.
④ 王运来.黄质夫乡村师范教育思想撷要[M]//南京市栖霞区地方志办公室.师之范:黄质夫在南京栖霞.北京:中国文史出版社,2012:36.

和少数民族教育①。

## 第三节　黄质夫对乡村教育的理性思考

教育实践是教育思想形成的源泉和基础,离开教育实践,教育思想也就成为无源之水和无本之木②。黄质夫的乡村教育思想,来源于其长期的乡村教育实践,形成于他自身对乡村教育的理性思考。

### (一) 为什么要讨论乡村教育

黄质夫认为:"教育是人类改进生活的工具,促进社会进展的原动力。"③首先,教育的方针应该使全国的民众都能受到相当的教育,避去那畸形的发展和教育机会不均等的现象。在黄质夫看来,中国是一个以农立国的国家,全国的农民占全国人口总数的85%以上,算是世界上农民最多数的国家。因此,中国的中坚的人民不是工人、商人,而是那胼手胝足的农民。如果这班做中坚人物的农民没有知识,中国的前途将不堪设想。所以我们今后要想对外谋求民族的生存竞争,对内谋求社会的改革进展,哪能不赶紧去提倡乡村教育和实施乡村教育呢?

其次,教育的方针应该铲除不切实用的教育,使受教育者均变为有用的人。在黄质夫看来,中国过去的教育,"论发展是畸形的、偏枯的;论形式是粉饰的、摹(模)仿的;论精神是因袭的、敷衍的;论立场是唯心的、

---

① 温大勇. 陶行知与黄质夫乡村教育思想比较研究[J]. 当代教育论坛(校长教育研究),2008(1):116—118.
② 朱永新. 中国教育思想史[M]. 上海:上海交通大学出版社,2011.
③ 黄质夫. 乡村实施教育[M]//王文岭,黄飞. 黄质夫乡村教育文集. 南京:东南大学出版社,2017:3.

违背时代精神的;论效果是不切实用的、隔离现实社会的"①。正如黄质夫所言,接受过这种所谓新教育的人,"大多数的就目空一切,鄙视劳动,肩不能担,手不能提,饱食终日,无所用心,变为一个无业的高等游民,甚或横行乡里,把持村政,鱼肉乡民,使道路侧目。……可是这点装潢门面、毫无实用的教育,受惠的仍仅限于少数的城市居民,至于乡村民众连这点儿光都沾不到"②。黄质夫在乡村调查研究的基础上分析指出,大多数农民依旧是智识浅陋,单纯凭着经验去经营农业,再加上农民迷信的心很深,对于各种自然灾害完全听从天命,从来没有想到用人力去防治,其他各种应用的常识也非常缺乏,因此农民成了时代进步的落伍者。

最后,教育的方针应该培养适合中国国情的有用人才,特别是能够适应乡村社会的有用人才。黄质夫引用一位美国大学校长白德斐博士的话说:"中国欲有真正的共和,希望须先有生计宽裕、智慧开发的乡村农民。中国以后五十年教育,应注重乡村教育,中国乡村社会才有改良的希望。"因此,黄质夫提出,乡村教育在现时的特殊情况下确是特殊的重要,要建设新中国,须先建设新农村;建设新农村,非先从乡村教育入手不可。黄质夫主张要通过普及乡村教育,"第一,要使农民认识现时的需要和过去的背景是甚么,以发扬他们民族的精神;第二,要使农民认识自身和……乡里的关系,感觉互助共荣的需要,以启导他们的民权应用;第三,要使农民获得各种智识技能,向农业上去应用,以解决他们的民生问题"③。

---

①② 黄质夫.乡村实施教育[M]//王文岭,黄飞.黄质夫乡村教育文集.南京:东南大学出版社,2017:3.
③ 黄质夫.乡村实施教育[M]//王文岭,黄飞.黄质夫乡村教育文集.南京:东南大学出版社,2017:4.

## （二）对乡村教育的认识

关于乡村教育，黄质夫指出，"社会一般的人对于乡村教育的解说还弄不清楚，普通人所谓乡村教育，专就设施的学校教育而言，尤其偏重乡村小学教育，这种教育可以说是狭义的乡村教育。我所谓乡村教育和一般不同，大凡住在乡村的人民，不论其为何种阶级，无论其为男女老幼，悉数授以相当的教育，使他们智识开发，品性改善，谋生有道，而且具有一种向上发展的才能，所以可说是广义的乡村教育，或者可以说是提高乡村文化一种普遍的活动"①。这种教育场所、教育的对象以及教育方法，与仅仅限于特殊范围者自然不同，逐条略述如下：

首先，教育的场所。黄质夫认为："理想的乡村教育，他的场所决不仅限于一校一地之内，或某种特殊的区域，换句话说，就是把整个农村统当作教育的场所看待。所以，推行新教育的人们，对于这乡村教育施教的场所，范围极广，种类也多。例如，我们要给被教育者得着相当的指导，那举凡山边、水涯、田头、林间，无在不可以做探讨事物的天然场所，无在不做领受活的智识的优良源泉，只要我们善为支配，善为利用，总可得到不少的利益。"②在黄质夫看来，教育是整个的，学校教育应与社会打成一片。乡村教育的实施范围应该包含乡村生活的全部场所，这与陶行知"凡是生活的场所，都是我们教育自己的场所"③的观点不谋而合。

其次，教育的对象。黄质夫强调："教育的场所既然那样的扩张，当然教育的对象决不止限于年龄相当的乡村儿童，凡是居住村内的人民，都作为被教育者看待。不过各地方的人各有他的特质，我们施行乡村教育要明瞭（了）的，就是乡村儿童的特质和乡村成人的性质，然后才可做

---

①② 黄质夫.乡村实施教育[M]//王文岭,黄飞.黄质夫乡村教育文集.南京:东南大学出版社,2017:4.

③ 周洪宇.陶行知教育名篇精选[M].福州:福建教育出版社,2013:157.

我们施行教育的参考"①。黄质夫倡导所有生活在乡村的民众,无论男女老少,都要接受乡村教育,目的就是要通过普及乡村教育,实现"村无游民、野无旷土、人无不学、事无不举"②的愿望。

再次,教学的时间。黄质夫认为:"场所及对象既然如许扩张,自然教学的时间也和普通不同,又不仅限于昼间,夜间也是利用的;又不仅限于特定的几个月,全年都在教育中。"③黄质夫主张将开展乡村教育的教学时间延伸到全年,既保证了教学时间与教学场所的时空一致性,又极大地提高了乡村教育教学的效果。

又次,教育的指导者。黄质夫认为:"乡村的指导者,不仅限于几个小学校教职员,各地方之宗教家、政治家、经济家、慈善家都负有指导的职责,他们都应该本着先知觉后知、先觉觉后觉的精神,做那已立立人、已达达人的事业。"④黄质夫呼吁一切有识之士都有指导乡村教育的责任,只有全社会都来关心乡村教育,才能收到令人满意的显著成效。

最后,乡村教育的范围。黄质夫说:"我们既承认乡村教育是提高乡村文化一种普遍的活动,所以他的活动范围当然是全体的、普遍的。"⑤黄质夫认为,乡村教育的研究范畴应当至少包括以下九项:(1)乡村幼稚教育,如农村幼稚园、农忙托儿所、疾病托儿所;(2)乡村儿童教育,如乡村小学校;(3)乡村青年教育,如乡村职业补习学校、乡村青年会、乡村处女会等;(4)乡村成人教育,如乡村通俗讲演会、老人会、户主会、主妇会、平民教育等;(5)乡村自治问题与教育;(6)乡村经济问题与教育;(7)乡村娱乐问题与教育;(8)乡村宗教问题与教育;(9)乡村社会问题与教育⑥。

---

① 黄质夫.乡村实施教育[M]//王文岭,黄飞.黄质夫乡村教育文集.南京:东南大学出版社,2017:5.

② 黄质夫.我们的主张和实施[M]//王文岭,黄飞.黄质夫乡村教育文集.南京:东南大学出版社,2017:254.

③④⑤⑥ 黄质夫.乡村实施教育[M]//王文岭,黄飞.黄质夫乡村教育文集.南京:东南大学出版社,2017:5.

### (三) 要以教育的力量去改造乡村

黄质夫认为,乡村教育家所负的使命主要有两方面:一方面是教育儿童,以建设将来的新中国;另一方面是指导农民,以挽救现时的中国。他指出,中国乡村存在的问题主要有四个方面:一是乡村人民生计的困苦;二是乡村人民知识的浅陋;三是乡村风俗的颓惰;四是乡村人才的缺乏①。在黄质夫看来,要想改造久经衰退的乡村,实现民族振兴,没有别的方法,唯有教育,而教育是否有效果,全凭着教育者的热心毅力和知识修养的程度。黄质夫呼吁乡村教育者对于乡村要有"真正的认识,有爱乡村的热忱,有改造乡村的决心,尽力去指导农民,组织农民,训练农民,使整个的农村向上发展进步"②,从而实现理想的乡村。

为了有效地解决乡村社会的现实困境,黄质夫提出了"乡村教育化"的具体目标和"教育乡村化"的实施方法。在黄质夫看来,乡村教育化是实施农村教育横的策略。要想农村能达到真正的教育化,实现"村无游民、野无旷土、人无不学、事无不举"的理想乡村,那么负责的实施者,就得要亲自到农村里去,调查民众生活的苦况,考察生产减少的原因,然后设法施以相当教育、增厚生产力量,使民众生活达到宽裕的地步。乡村教育化,就是要充分发挥教育的力量去改造乡村,通过普及全国各地的乡村教育,提高乡村民众的智识水平、道德素养、生产技能、身体素质、审美情操和治理能力,从而实现"救百万村庄的穷,化万万农民的愚,争整个民族的脸"的理想目标。

教育乡村化是实施农村教育纵的策略。黄质夫认为,负责的实施者

---

① 黄质夫.中国乡村的现状和乡村师范生的责任[M]//王文岭,黄飞.黄质夫乡村教育文集.南京:东南大学出版社,2017:116-117.
② 黄质夫.乡村实施教育[M]//王文岭,黄飞.黄质夫乡村教育文集.南京:东南大学出版社,2017:6.

要谋求教育彻底乡村化,亦须亲自到农村里去,采取民众勤朴耐劳的精神,明了社会急切的需要,拿来做我们设施的标准,使我们的目的达到,一般乡村成功都有教育意味的新建设。教育乡村化,就是要使教育契合中国乡村的实际生活,要求乡村教育者充分调研乡村实际生活,根据乡村生活的需要设计乡村教育的实施方法,改变过去"都市化的""原始化的"教育方式,杜绝教育脱离乡村实际生活的种种弊病,成就一种"合于原理""合于时代"的实施根据[①],从而实现教育实施与乡村改造的收效最大化。黄质夫还进一步提出了教育乡村化的具体措施:第一,以乡村学校为改造社会的中心;第二,以学生和先知先觉的农友为改造乡村社会的同志;第三,就乡村实际的生活逐渐地加以改良。

### (四)实施乡村教育的态度

在黄质夫看来,乡村教育者是否有正确的态度,关系到乡村教育的目标能否顺利实现。为此,黄质夫提出乡村教育者必须具备以下六种态度:一要有大无畏的精神,要有与乡村的土豪劣绅、贪官污吏、寺庙僧尼等恶势力勇于斗争的精神;二要有牧师传教的精神,去开导农民,教化农民;三要有愚公移山的精神,日复一日、年复一年,坚定不移地去实施乡村教育;四要有和蔼可亲的态度,要有和农民做朋友,待民众如家人的态度,才会很融洽地开展乡村教育;五要有诚信无欺的态度,绝不可以失信于笃实可爱的乡民;六要有熟悉风俗人情的本领,要调查地方的风俗人情并做到十二分的熟悉,如此这样才能与民众减少隔阂,更好地在教育上谋求乡村改造[②]。

---

① 黄质夫.乡村实施教育[M]//王文岭,黄飞.黄质夫乡村教育文集.南京:东南大学出版社,2017:11.
② 黄质夫.乡村实施教育[M]//王文岭,黄飞.黄质夫乡村教育文集.南京:东南大学出版社,2017:34-35.

黄质夫指出,"我们要实施乡村教育,必定要在有农夫身手、科学头脑、创造精神之外,拿出几种很有力量的态度来,帮助我们去建设新农村,那才达到我所计划的一种期望"①,否则的话,还是会出现"农民自农民,教育自教育"的现象,残破的农村,仍旧是一成不变。黄质夫认为,乡村师范生肩负着发展乡村教育、建设乡村社会的责任,必须要有扎根乡村、许身乡教的宏愿。在《栖霞乡师招生简则》中,规定考生在考取师范生之前,就应"郑重考虑为何投考本科,将来是否愿从事此物质报酬菲薄之乡教事业,若是意志薄弱、见异思迁,将来无服务于乡村社会之决心者,请不必为本科区区免费之待遇而轻易来一试。徒劳往返跋涉,致公私双方均蒙莫大之损失也"。

---

① 黄质夫.乡村实施教育[M]//王文岭,黄飞.黄质夫乡村教育文集.南京:东南大学出版社,2017:34.

# 第三章　黄质夫乡村教育思想的主要内容

　　黄质夫先生是在中国最早提倡乡村教育的杰出代表之一,是一位践行陶行知教育思想和办学主张而又独树一帜的优秀乡村教育家。黄质夫服务乡村教育事业二十多年,先后创办和主持了四所乡村师范学校,积累了丰富的乡村师范办学经验。在对中国乡村社会进行深入调查研究的基础上,在对旧中国教育深入了解后,黄质夫认真思考总结,先后撰写了《我们的信条》(1927年)、《中国乡村的现状和乡村师范生的责任》(1928年)、《和乡村教师的谈话》(1928年)、《乡村师范对于农事改良上应负之责任》(1928年)、《栖霞乡村师范服务社会之实况》(1928年)、《我们友农社的设计》(1929年)、《乡村实施教育》(1930年)、《服务乡教八年之自省》(1932年)、《我们的主张与实施》(1933年)、《非常时期教育设施的一种探试》(1936年)、《致贵阳师范学校师生书》(1939年)、《实践的师范教育》(1942年)、《中等学校劳动生产训练》(1944年)等一系列研究乡村教育的文章和著作。黄质夫热衷于乡村教育,力行于乡村教育,在长期的乡村教育本土化的探索实践过程中,对陶行知等人的乡村教育理论加以实事求是的检验并进行合理的吸收,不断探索、改进、完善和创新,形成了他独具特色、内涵丰富的乡村教育思想体系。

## 第一节　黄质夫乡村教育救国思想

黄质夫是近代中国乡村教育的先驱,是与陶行知齐名却又被史书遗忘的一位乡村教育家。对于这位被"尘封"已久的乡村教育家,教育部原副部长韦钰指出:"黄质夫先生是近代最早提出乡村教育救国的人之一,他也是以一个学贯中西的农学家、教育家的身份,系统论述并用乡村师范教育切身经历讲话的第一人。"为了实现"救百万村寨的穷,化万万农工的愚,争整个民族的脸"的理想,黄质夫投身于最艰苦的乡村教育事业长达二十余年,并积累了丰富的乡村师范学校的办学经验,形成了一套独特的乡村教育思想体系。考察黄质夫的乡村教育思想,发现其核心内容就是"教育救国"[①]。

### (一) 乡村教育是救国唯一的政策

"天下兴亡,匹夫有责。"20世纪初期,一些具有忧患意识的爱国人士纷纷探求挽救民族危亡、使国家强盛的真理,各种救国道路和社会改造方案层出不穷。洋务救国已经破产,有的提出实业救国,有的倡议科学救国。在各种救国主张中,"教育救国"论影响甚广。"教育救国"理论认为中国之所以落后,其根源是教育的不普及,相信只要发展教育,提高国民的素质,就可以使国家转弱变强,转贫为富,实现教育救国。一些忧国忧民的教育家试图通过乡村教育来挽救中华民族的命运,他们从城市走向乡村,不仅创造了各具特色的乡村教育理论,而且开展了独具匠心的乡村教育运动。

---

① 马兵.论黄质夫的教育救国思想[J].扬州教育学院学报,2010(2):26-29.

黄质夫就是受到乡村教育运动中"教育救国"思潮影响的人之一,他看到乡村问题正在引起社会各界的广泛注意,到农村去从事乡村改造工作是解决中国问题的重要途径,已成为很多知识分子的共识。黄质夫认为:"乡村教育为救国之泉源。"①他在栖霞乡师所写的《我们的信条》一文第一条中就明确写道:"乡村教育是救国惟一的政策。"②在黄质夫看来,旧中国社会,农民占全国人口的大多数,改造中国社会的关键是改变农民,而乡村教育则是改造农村、实现救国最急需也是最有效的战略性举措。

首先,乡村教育是改造农村、实现教育救国最迫切的政策。黄质夫作为一个出身农村而又长期工作在农村的农学家和勤于调查研究的教育家,对旧中国农村有着特别痛切和深入的了解。他在《中国乡村的现状和乡村师范生的责任》一文中,从四个方面阐述了自己鲜明的观点:"近几年来的中国,兵连祸结,弄得民不聊生。尤其是乡下人所感到的痛苦为最多。……最使我们痛心的,就是乡村的现状。……第一件是乡村人民生计的困苦。……第二件是乡村人民知识的浅陋。……第三件是乡村风俗的颓惰。……第四件是乡村人才的缺乏。……"③黄质夫对旧中国农村社会经济文化很落后、农民生活极度痛苦的状况非常同情,这是他乡村教育救国思想的基础。他说:"过去的教育,教育者与被教育者的目光,都射在城市方面。现在觉悟过来,深知乡村教育,是救国的唯一方法。"④

---

① 黄质夫.服务乡教八年之自省[M]//杨秀明,安永新.黄质夫教育文选.贵阳:贵州教育出版社,2001:63.
② 黄质夫.我们的信条[M]//杨秀明,安永新.黄质夫教育文选.贵阳:贵州教育出版社,2001:6.
③ 黄质夫.中国乡村的现状和师范生的责任[M]//杨秀明,安永新.黄质夫教育文选.贵阳:贵州教育出版社,2001:3-4.
④ 黄质夫.栖霞乡师十七年度的扩充教育事业计划[M]//杨秀明,安永新.黄质夫教育文选.贵阳:贵州教育出版社,2001:27.

其次,乡村教育也是改造农村、实现教育救国最根本的政策。当时中国的农民和小手工业者,共占全国人口的85%以上,且十分贫困,文化也十分落后,文盲占98%,甚至100%,都住在乡村和小城市。陶行知认为:"乡村教育关系三万万六千万人民之幸福!办得好能叫农夫上天堂,办得不好能叫农夫下地狱。"①同样,黄质夫认为,中国的根本问题是广大农村的贫、愚问题。黄质夫深知,救贫的唯一途径,根本在于必先化愚。要化愚,舍教育更是别无他法。黄质夫把乡村教育作为救国富民的关键性手段,他认为兴办乡村教育,是改革中国教育"最切病症之药石"。只有乡村师范教育搞好了,才能"以期达到改良乡村社会之目的",实现"乡村教育化"和"教育乡村化",进而达到"教育治愚"和实现"教育救国"。

最后,乡村教育更是改造农村、实现教育救国最有效的政策。黄质夫把乡村师范教育看成是改造社会、振兴中华的有力武器。他针对旧中国乡村的现状为乡村师范生制定了改造乡村社会的三大步骤:"第一步须使乡村人民,家给人足,富而后教,那就容易了。第二步是养成乡民具有适当的组织能力。其要点在使乡民的知识增进,道德高尚,然后聚集此等民众组织新村,兴办一切事业。第三步是指导乡民组织与建设,使乡村社会事业,日有进展,实现理想的新中国乡村。上述的三层办法,除了第一层,似乎在短期间内,非我们能力所能办到外,其余都是我们分内应做的事,我们改造乡村惟一的工具,就是教育。"②

## (二)乡村教育要为抗战救国服务

黄质夫在创办和发展乡村师范教育的时候,正值抗日战争时期,全

---

① 陶行知.陶行知全集:第二卷[M].长沙:湖南教育出版社,1985:3.
② 黄质夫.中国乡村的现状和乡村师范生的责任[M]//杨秀明,安永新.黄质夫教育文选.贵阳:贵州教育出版社,2001:4.

民抗战,挽救民族危亡,成为当时的潮流。陶行知大声疾呼:"教育要把不能对付国难的力量,变成能够对付国难的力量。""我们从此要改造教育,使教育普及于大众……于是我们就可以造成极伟大的民族力量,来解除一切国难。"①黄质夫在教育对社会的作用问题上与陶行知有着共同的认识,1931年九一八事变后,中华民族面临着前所未有的危机。黄质夫提出:"国难当头,教育兴邦,责任殊重。"②"教育为国家百年根本大计,影响抗战建国至深且巨,不容稍有忽视。"③教育必须担负起改造社会、振兴中华的历史使命,教育要为民族的生存做出贡献,教育要为抗战救国服务,要为整个民族和人民大众的最高利益服务。

黄质夫把抗战视为"非常时期",他认为一切教育设施都必须有利于抗战。1936年,他在《非常时期教育设施的一种探试》一文中,提出"近年以来,国家多故,民族危机,迫于眉睫",栖霞乡师应"就可能的范围以内,勉力设施,期于非常时期作些须贡献"。他认为学校应该要对学生进行精神、体格、生产、特殊技能、社会活动等方面的训练,并强调指出:"盖非有精神训练,不足以激发民族意识;非有体格训练,不足以担当大任;非有生产训练,不足以建设国家;非有特殊技能训练,不足以应付垂危之时局;非有社会活动训练,不足以领导民众。即不幸大难当前,此辈有训练之士,亦可效命于前方。"④

黄质夫对学校实行军事化管理,以养成学生的"军人精神"。在低年级,各班建立童子军中队,实行童子军训练;在高年级,各班建立军事训练中队,实行军事训练。黄质夫带头剃光头,全校男生也一律剃光头,女

---

① 陶行知.陶行知全集:第二卷[M].长沙:湖南教育出版社,1985:587.
② 黄质夫.致贵阳师范学校师生书[M]//杨秀明,安永新.贵阳:贵州教育出版社,2001:102.
③ 黄质夫.实践的师范教育[M]//杨秀明,安永新.贵阳:贵州教育出版社,2001:108.
④ 黄质夫.非常时期教育设施的一种探试[M]//杨秀明,安永新.贵阳:贵州教育出版社,2001:92.

生则修齐耳短发。① 黄质夫还注重加强师范生的特种技能训练,有防卫技术、救护技术、军事工程技术、战事救济技能、战事物品制造及运输技术、各项军事动作等方面的内容,目的在于平时训练与战时需要相结合,"一旦大难当前,不致手足无措",同时还能为前线输送优良的青年投入抗日战线。他还希望全国其他的所有乡村师范学校,"即时增设军事训练,以完成非常时期教育之使命"②。

黄质夫非常注重课程育人,强调要在课程教学中加强师范生爱国主义教育,培养他们的抗战救国意识和精神。他强调指出,历史课教学一定要"注重国际形势下的中国地位",使学生"勿忘中国民族自振,自卫的必要","研究中国政治经济变迁的概况,说明近代中国民族受到了侵略之经过,以激发学生的民族精神,并唤醒其在中国民族运动上责任的自觉",时刻不忘天下兴亡,匹夫有责。地理课教学要培养学生世界眼光,注意培养民族精神,注重国际新形势,做应付将来的准备。

爱国是教育的主旋律,在战火纷飞、百姓背井离乡的抗战中,国师的校园内外都镌刻、书写有关思想、品德、学习、生活等方面的楹联、警句、标语③。黄质夫非常注重校园文化建设,营造勿忘国耻、抗战救国的教育氛围。校园内外到处张贴抗日宣传画、标语、警句和对联,激励人心,同仇敌忾。学校大门内右侧墙壁上,画着日寇践踏我国半壁河山的一幅大画,其上有仿照岳飞的手书"还我河山",旁边写着"山河未复士堪羞",意在唤醒中国人民振奋图强。国师校门两边是醒目的对联:"耕读一堂,得天下英才而教;弦歌四野,树黔南文化之基。"校门外墙上写着非常醒

---

① 向零.国师校风[M]//杨秀明,安永新.黄质夫教育文选.贵阳:贵州教育出版社,2001:251.

② 黄质夫.非常时期教育设施的一种试探[M]//王文岭,黄飞.黄质夫乡村教育文集.南京:东南大学出版社,2017:265.

③ 胡燕.黄质夫乡村师范教育思想研究[D].贵阳:贵州师范大学,2021.

目的红边白字大幅标语:"抗战时期,你出钱了没有?出力了没有?"校内南端立一石雕雄狮,正面用红字楷书:"怒吼吧,中国!"校内两侧砖墙上有两幅巨型壁画:一幅题为"抗战必胜",画面上是战旗飘飘,英勇杀敌的场面;另一幅题为"建国必成",画面上是工厂林立,农场成片,交通发达,学校遍布,一派欣欣向荣的气象。校长办公室门外的标语是:"我在后方,要凭天良,切莫鬼混,认真救亡!"校长会客室四条标语是:"今天的教育家应该自认为是冲坚折锐的前线战士!移风易俗的社会导师!筚路蓝缕的开国先驱!继绝存亡的圣贤英杰!"四维院正中挂着四个大字"继往开来",两边是"耐得千锤百炼,才能任重道远"。过厅前端两根檐柱上的对联是:"移风易俗为祖国塑造能文能武能工能农新师资,改造社会帮人民培养治山治水治家治国好儿孙。"

学校集合场前面教学楼正面的标语是"教育救国",左面的标语是"学以致用",右面的标语是"劳而兴国"。教室内的标语是:"树人树木,建校建国!半耕半读,自给自足!须知国破家危,报仇雪恨在吾躬!卧薪尝胆,雪耻图强!抗战必胜,建国必成!"图书馆的标语是:"书山有路勤为径,学海无涯苦作舟。"学生宿舍的标语是:"河山未复,安睡何为?强敌未摧,寝不安席!枕戈待旦,雪耻图强!生于忧患,死于安乐!"饭厅的标语是:"一粥一饭,当思来之不易;半丝半缕,恒念物力维艰!""流自己汗,吃自己饭!节衣缩食,共济时艰!"农场办公室的标语是:"征服自然,利用自然。""与马牛羊鸡犬豕做朋友,对稻粱菽麦黍稷下功夫。"工场的标语是:"利用双手万能,完成建国宏愿!培养生产技能,实现自给给人!"

黄质夫在创办国立贵州师范学校时期,正值抗日战争进入相持阶段,他在办学中突出强调抗战救国教育,"日寇侵华史"是学生在课堂上学习的必修课。他常以报国雪耻的思想教育学生,宣传勾践卧薪尝胆复国的史例,宣扬史可法"读圣贤书、杀身成仁、舍生取义"的古训,歌颂八百壮士战上海四行仓库的精神,高歌台儿庄大捷的军威气概,以鼓励学生树立爱国报国的志气。他还组织师生大唱抗日歌曲和进步歌曲,1942年"七七事变"抗战五周年时,学校组织了"千人大合唱",师生齐唱《义勇军进行曲》《我们在太行山上》《黄河颂》《保卫黄河》《流亡三部曲》《毕业歌》等抗日救国歌曲,用歌声激发师生和民众抗日救国的昂扬斗志。

学校还组织举行示威大游行,高喊抗日救国口号,组织宣传队深入农村以警语、漫画、歌曲、戏剧、讲演等多种形式,广泛宣传抗战救国,深受群众称赞。每当遇到国耻、国庆等重大纪念日的时候,学校会指派学生提前做好充分的准备,当天去乡村演讲国耻国仇亡国痛史、抗日英雄故事等,并伴随展览各种有关国防的实物、模型、标本。这些举动极大地发扬了民族精神,激发起了民众的爱国护国热情。通过激情高昂的演讲,民众热血沸腾,同时也更加坚定了对国家的信仰之心。① 1944年春,学校发动学生参加远征军,有数十名学生自愿报名应征,参加远征军开赴滇缅抗日前线,配合盟军与日寇血战沙场。

## 第二节 黄质夫乡村师范教育思想

黄质夫是陶行知"生活教育"思想的传承者、光大者,又是乡村师范教育理论的开拓者、践行者②。1924年,黄质夫从东南大学农科农艺系毕业后,即受江苏省立第五师范学校校长任诚的邀请,创办乡村分校——界首乡村师范学校,开始了他献身乡村师范教育事业的生涯。黄质夫从事乡村教育实践长达二十多年,先后创办和主持江苏省立界首乡

---

① 武霞.黄质夫乡村教育实践中的德育思想研究[D].太原:山西师范大学,2022.
② 王运来.黄质夫乡村师范教育思想撷要[M]//南京市栖霞区地方志办公室.师之范:黄质夫在南京栖霞.北京:中国文史出版社,2012:36.

村师范学校、江苏省立栖霞乡村师范学校、浙江省立湘湖乡村师范学校和国立贵州师范学校,培养了一大批"不怕苦,能实干,负责任,守纪律,明礼义,知廉耻,不消极,不苟安,埋头苦干,努力向上,能工,能农,能教学,能生产,在后方,能保安,上前线,能作战"[1]的新型乡村教师。作为中国近代乡村师范教育的先驱,黄质夫在乡村师范教育的理论和实践上积极探索,做出了卓越的贡献[2]。黄质夫秉持教育救国的理想,在长期的乡村教育实践过程中,撰写了4部专著和40多篇代表性文章,积极探索符合中国国情的乡村师范教育,形成了其独具特色的乡村师范教育思想。

### (一) 师范教育必须契合于中国之乡村

乡村教育的破败引起人们对新学的思考,兴起于清末民初的"新学"所培养的人才是否适合乡村发展的需要,开始引起人们的质疑。陶行知一针见血地指出:"中国现在的乡村学校,老实说起来,确实不能适应乡村的需要。他们给儿童惟一的东西是书本知识,他们从来不知道注意到农人的真正的需要。这样的教育使农村社会减少生产量,使农人富的变穷,穷的变得格外穷,这使人最不满意,所以改造农村教育的呼声到处都可以听得到了。"[3]黄质夫同样对乡村教育的弊端有着十分清醒的认识。1932年,他在《服务乡教八年之自省》一文中指出:"中国提倡新式教育逾三十年,提倡乡村教育亦十多年,而其结果,辄与始愿相违。……自推行以来,其民智之闭塞,民群之涣散,民体之羸弱,民生之凋敝,在在如故,而人民之诅咒教育,则加甚焉。"究其原因,主要是因为不察国情,生搬硬套欧美的经验。黄质夫认为:"欧美教育产生于资本主义之社会;中

---

[1] 王文岭,黄飞.黄质夫乡村教育文集[M].南京:东南大学出版社,2017:290.
[2] 王文岭.黄质夫对中国乡村教育的贡献[J].生活教育,2017(10):12-16.
[3] 陶行知.陶行知全集:第二卷[M].长沙:湖南教育出版社,1985.

国农民占全国人口百分之八十五,国家组织,实以农村为最小单元,其社会情形与欧美不仅相去太远,抑且根本不同,强而效之正如方枘之于圆凿,宜其格格不入。"①他极力反对盲目"仪型他国"的乡村教育思想,舶来指出"有一班专门崇拜舶来品的人们,都喜欢搬出外国货来给中国人看,其不知各国的环境、文化及民族等,都各不相同,适于彼,不尽适于此"②。

黄质夫认为,兴办适合中国国情的乡村师范教育,是改革中国教育"最切病症之药石"。他说:"然于八年之中,深觉以往之乡村教育,实未尝契合于中国之乡村。乡村教育发源地之乡村师范,实有首先改革之必要。吾人既不能废除学校教育之形式,而别求其他之方法,则其改革之途径,亦仍惟于学校之内求之。而组织,教学,训练,课程,设备,经费诸大端,实为学校之所构成,而影响于学生社会者至巨,似宜予以充分之讨论,庶可以求其实际之功效。吾人应不惜为过去制度之罪人,而供未来改革之牺牲,敢发平素所积,一求商榷。"③

黄质夫从乡村师范教育的实际出发,提出了具体的改革方案:一是严整学校组织,务使名实相副,事功易从。他根据乡村师范学校所负有的改造乡村社会的使命,改教务部为工读指导部,改训育部为生活指导部,并增设研究实验部和推广部。二是改订课程,务期"教应所需,用出所学"。他认为,中国近代学校教育,实有偏重知识之嫌,有学非所需,用非所学之弊。"推究原因,则以学校所订课程未能尽善所致,或偏于用脑而忽视劳作;或偏于理论而忽视实行;或偏重记忆,无补于职业;或崇尚

---

① 黄质夫.服务乡教八年之自省[M]//杨秀明,安永新.黄质夫教育文选.贵阳:贵州教育出版社,2001:57-58.
② 黄质夫.中等学校劳动生产训练[M]//杨秀明,安永新.黄质夫教育文选.贵阳:贵州教育出版社,2001:152.
③ 黄质夫.服务乡教八年之自省[M]//杨秀明,安永新.黄质夫教育文选.贵阳:贵州教育出版社,2001:58.

新奇,不切于生活;或以支配不均,轻重互见;或以学习不专,空泛难成。遂使社会多失业之民,教育有无用之论。"①

在黄质夫看来,乡村师范学校应根据乡村社会实际生活的需要,实施"浅尝科目宜减并、职业课程宜增加、实施工读以代实习、加紧劳作以代体育、利用休闲以代音乐"的改革方案,增加职业课程与农事实习。他认为,乡村师范生应有专业训练,"学校之内,宜有农场、工厂、商店,从耒耜间谈农学则真,从绳墨间谈工学则明,从买卖间谈商学则切"②。在乡村师范课程的设置上,除了普通师范课程外,还结合农村需要增设了"农村经济学""农业及实习"等农业专业课程,促进乡村师范生更多掌握农业科学知识,从而更好适应乡村环境、指导农民生产。在抗战的非常时期,栖霞乡师和国立贵州师范还增加了精神、体格、生产、特殊技能、社会活动等军事训练的内容。通过课程改革,学校去除了一些不切实际的科目,极大地提高了乡村师范课程的实用性。

黄质夫认为,乡村师范教育应该随着时代的发展变化而做出相应的调整。1942年,他在《实践的师范教育》一文中指出:"我国数十年来提倡师范教育之结果,不能尽满人意之处颇多。抗战以来,其缺点更形显露,无论在制度、课程、教学等各种设施,皆有重行调整之必要,而目前迫切之图,当以待遇之改善、事业精神之养成、生产技能之训练、教学课程之改变四者为最。……今后师范学校之课程,必须重新调整,淘汰不必要之教材,增加需要之教材,如民众教育、民众组织训练等,能合并之科目应尽量合并,以免互相重复,使获得'管教养卫'实际

---

① 黄质夫.服务乡教八年之自省[M]//杨秀明,安永新.黄质夫教育文选.贵阳:贵州教育出版社,2001:63.
② 黄质夫.服务乡教八年之自省[M]//杨秀明,安永新.黄质夫教育文选.贵阳:贵州教育出版社,2001:64.

经验。"①黄质夫还进一步提出"乡村师范,宜在乡村;边疆师范,宜在边疆"②。他把学校迁至少数民族聚居的榕江县,结合边疆地区少数民族教育的特点改革教育教学。由于内地都市所编的教材并不符合边疆民族的实际需求,黄质夫亲自带领师生深入少数民族聚居的村寨,考察其历史文物、宗教信仰、风土人情,在此基础上编撰符合当地社会发展需要的乡土教材③。

### (二) 培养健全优良的乡村教师

发展乡村教育,关键在于教师。因此,黄质夫与陶行知一样,都非常重视乡村师范生的培养。陶行知基于对师范教育重要意义的认识以及对乡村教育弊端的深恶痛绝,主张:"师范学校负培养改造国民的大责任,国家前途的盛衰,都在他手掌中。"④"师范教育可以兴邦,也可以促国之亡。"⑤陶行知认为:"要想小学办得好,先要造就好教师;要想造就好教师,先要造就好师范学校,造就教师的教师。"陶行知为晓庄师范学校制定的培养目标是培养乡村人民儿童所敬爱的导师,他们要具备"健康的体魄;农夫的身手;科学的头脑;艺术的兴味;改造社会的精神"⑥。在陶行知看来,好的乡村教师"他足迹所到的地方,一年能使学校气象生动,二年能使社会信仰教育,三年能使科学农业著效,四年能使村自治告成,五年能使活的教育普及,十年能使荒山成林,废人生利。这种教师就

---

① 王文岭,黄飞. 黄质夫乡村教育文集[M]. 南京:东南大学出版社,2017:276-278.
② 王文岭,黄飞. 黄质夫乡村教育文集[M]. 南京:东南大学出版社,2017:273.
③ 王尤清. 抗战期间黄质夫在贵州少数民族地区的乡村教育实践论析[J]. 南京晓庄学院学报,2019(3):1-7+123.
④ 陶行知. 陶行知全集:第一卷[M]. 长沙:湖南教育出版社,1984:166.
⑤ 陶行知. 陶行知全集:第五卷[M]. 长沙:湖南教育出版社,1985:161-162.
⑥ 陶行知. 陶行知全集:第一卷[M]. 长沙:湖南教育出版社,1984:653.

是改造乡村生活的灵魂"①。

黄质夫认为,"国民教育为国家命脉所系,而师范教育乃为国民教育之母,国民教育之能否普及与能否达到预期之效果,应视师范教育为枢纽。盖以国民教育之推行,须有适量之师资,而优良师资之造就,则有赖于师范教育之培养"②。在黄质夫看来,乡村教育为乡村复兴之源泉,而乡村教育的发源地就是乡村师范。乡村师范学校负有"改良农村组织,增进农民生活,普及农村教育,提高农民知识,提倡农村娱乐,培养农民道德"③等诸多责任。

黄质夫希望乡村师范生"在校为好学生,出校为好教师,入社会为好公民"。他从乡村社会的具体实际出发,提出了栖霞乡村师范学校的培养目标:"不仅希望他们做一个良好的乡村教师,还希望他们去做灌输农民知识、改进农民生活的导师,发展乡村社会事业的领袖。"④黄质夫在创办国立贵州师范学校时,也明确提出了边疆民族师范的培养目标。他在《国立贵州师范学校招生简章》中指出:"本校首在造就边疆国民教育健全师资,培养边疆建设基层人才。"在《我是师范生》歌词中,他写道:"学有专长,当仁不让,献身教育,造福边疆,赫赫英雄我首创。"

为了培养健全优良的乡村师资,在栖霞乡师执教时,黄质夫为师范生们制定了22条标准:"和蔼的态度;优美的感情;坚强的意志;互助的精神;强健的体魄;好学的兴趣;勤朴的习惯;真挚的同情;远大的眼光;准确的思想;勇毅的气概;领袖的才能;科学的头脑;耐劳的身手;创造的

---

① 陶行知.陶行知全集:第一卷[M].长沙:湖南教育出版社,1984:665.
② 王文岭,黄飞.黄质夫乡村教育文集[M].南京:东南大学出版社,2017:276.
③ 王文岭,黄飞.黄质夫乡村教育文集[M].南京:东南大学出版社,2017:254.
④ 黄质夫.中国乡村的现状和乡村师范生的责任[M]//王文岭,黄飞.黄质夫乡村教育文集.南京:东南大学出版社,2017:117.

能力；审美的观念；服务的信念；正义的信仰；规律的生活；力行的决心；敏捷的动作；高尚的理想。"①黄质夫认为乡村师范生担负着重大的责任,至少应该具有下列几项资格:"一、不仅是坐而言的人,还要是起而行的人；二、对于各种基本知识,应有充分的修养；三、体格健全,能耐劳苦,品格高尚,堪做乡民的表率；四、有各种应用的常识,且明白教育原理,及近代社会的趋势；五、对于本身职业,有浓厚的兴趣,肯认定他的职业为终身职业；六、长于社交,能得各方面的助力；七、了解乡村社会情形,熟知农民习性,安于乡村生活,视改造乡村为最有乐趣的事业。"②

### (三) 拓展边疆民族师范教育

黄质夫结合边疆地区少数民族教育的实际情况,提出了一整套创办民族师范教育的理论和措施,为开拓和推进民族地区的文化教育事业做出了重要贡献。首先,黄质夫明确提出了边疆民族师范人才培养的任务和目标。黄质夫在创办国立贵州师范学校时,曾在给教育部的一份报告中写道:"边疆环境较异内地,其尤著者为人力有余而事业未举,宝藏富厚而生活疾苦,民性纯朴而文化未破。……本校负建设边疆之责,务求其达到野无荒土,村无游民,人无不学,事无不举,以之教育实施特别注意于培养能导民智增生产建设之干部人才。"③他认为:"边疆师范,宜在边疆,且尤宜在土著同胞聚居之边远县,以培养大量人才,开发和建设山

---

① 黄质夫.苏省南中栖霞乡师各部实施方案[M]//王文岭,黄飞.黄质夫乡村教育文集.南京:东南大学出版社,2017:219-220.
② 黄质夫.中国乡村的形状和乡村师范生的责任[M]//王文岭,黄飞.黄质夫乡村教育文集.南京:东南大学出版社,2017:118.
③ 张民.忆母校:国师教育[M]//杨秀明,安永新.黄质夫教育文选.贵阳:贵州教育出版社,2001:258.

区之经济、文化,是为办学之宗旨。"①他把开发边疆、建设边疆列为办学的首要任务,在《国立贵州师范学校招生简章》中明确指出:"本校首在造就边疆国民教育健全师资,培养边疆建设基层人才。"关于边疆师范生的培养目标,黄质夫在他撰写的《我是师范生》《国师学生怎样》这两首歌词中做了具体的表述,他要求师范生做到"热血满腔,做人做事,至大至刚,无愧俯仰,学有专长,当仁不让,能教学,能生产,在后方能保安,献身教育,造福边疆",具备"能工,能农,能商,上前线能作战"的综合素质,锻炼培养开发边疆和为抗战服务的真实本领。

其次,从边疆地区的实际出发,招生政策向少数民族倾斜。国立贵州师范学校招生对象以贵州东南及湘桂邻县土著学生为主,学生中有苗族、侗族、布依族、水族、壮族、土家族等,并且只规定报考者的最低年龄,而不限制最高年龄。这样就使一些年龄较大的少数民族青年学生仍可获得入学深造的机会。为了加速发展边疆教育,学校在原有简易师范科的基础上开设了边疆师范科,学制四年,招收高小毕业生。为了保证能够切实开发边疆、建设边疆,教育部规定,国师的毕业生必须服务边疆教育工作满3年,才发正式毕业证书,才能升学。黄质夫认为:"教育是神圣的事业,要终身从事教育,生活再苦也要安贫乐道,要以能教育天下英才为乐,当一名教师要学有专长,当仁不让,以献身教育造福边疆为己任,为他日造就更多英才。"他还经常教育学生说:"虽然边疆是穷的,边疆是苦的,但只要有苦干穷干的精神,就能开发边疆,复兴中华民族。"

再次,黄质夫根据边疆少数民族地区的实际需要改革教学。黄质夫认为,国师教务工作实施的原则要切合边疆环境的需要。他说:"今后师

---

① 黄质夫.致贵阳师范学校师生书[M]//王文岭,黄飞.黄质夫乡村教育文集.南京:东南大学出版社,2017:273.

范学校之课程,必须重新调整,淘汰不必要之教材,增加需要之教材,……能合并之科目应尽量合并,以免互相重复,使获得'管教养卫'实际经验。"①因此,在课程方面,除全国统一开设的课程外,国师增加了地方行政、民众教育、少数民族地区的历史、地理等课程。此外,考虑到"边疆贫瘠,易生疾病,所以卫生教育,极应注意",国师在各班级都增加了1小时的卫生课,使学生能够掌握一些必要的医药知识。在教材方面,基于"边地环境特殊,内地都市所编的教材未尽使用"的实际,由学校教师自编了《建设边疆》《榕江历史》《榕江地理》等数十种乡土教材和补充教材,以适应少数民族地区的需要。在各科教学中,还注意充分挖掘、利用与少数民族学生息息相通、教育性很强的内容,如国文科讲边地固有的文艺故事;地理科讲边疆地理及边疆问题;历史科讲民族英雄史传和边地伟人史传;博物科讲本地特有之动植物;理化科讲本地工业;教育科讲边疆教育的现状及改进等。② 由于国师结合边疆的实际改进了教学工作,学生通过在校学习就能学到适合边疆需要的知识和本领,为他们在毕业后参加边疆的教育工作和建设工作创造了必要的条件。

此外,黄质夫极为重视边疆教育的试验与推广。学校设立了推广处,下设社会服务、地方教育辅导、边疆文化研究三个小组。学校提出的目标是:"以边疆师范为推进边教之中心机关,对这些语言文化具有特殊性质之边胞,先从调查研究入手,办理各种社会福利事业及宣传劝学等项工作,然后进而举办各种教育事业。"③在国立师范学校,推广事业被当成一件责任重大的工作,要求全体师生"力行毋怠"。国师在少数民族

---

① 黄质夫.实践的师范教育[M]//王文岭,黄飞.黄质夫乡村教育文集.南京:东南大学出版社,2017:278.

② 王尤清.抗战期间黄质夫在贵州少数民族地区的乡村教育实践论析[J].南京晓庄学院学报,2019(3):1-7+123.

③ 梁瓯第,等.国立贵州师范学校概况[M]//杨秀明,安永新.黄质夫教育文选.贵阳:贵州教育出版社,2001:303-304.

聚居的村寨设立"村寨教育实验区",实行"教育入山",派出教师和优秀学生到实验区办山寨小学,免费招收少数民族子女入学。还根据少数民族地区小学师资紧缺的情况,举办国民教育师资训练班,帮助附近各县培训教师。与此同时,国师设有"地方方言研究会",组织师生学习、研究、推广少数民族语言。学校还规定学生在假期要走访慰问少数民族同胞,回乡要搜集民族文物、地方特产,采集民间故事、传说、歌谣及风土民情资料。

## 第三节 黄质夫乡村社会教育思想

黄质夫乡村社会教育思想以培育"科学化之农民"为目的,在乡村社会教育的组织、内容、载体等方面提出了独特的见解,并主张通过成立友农社、本科农民教育馆,组织民众茶园,开展"栖霞新村"建设实验等,为普及乡村社会教育、提高农民素质提供解决办法,同时注重引导乡村师范生树立扎根乡村、奉献乡教、服务农民的精神和品质,对其后中国乡村社会教育的推广产生了深远的影响。

### (一)乡村社会教育的目的:培育"科学化之农民"

黄质夫作为乡村教育的先行者和探索者,对于近代中国乡村社会的问题有着深刻的认识。1928年,他在《中国乡村的现状和乡村师范生的责任》一文中,一针见血地指出当时农村存在的四大问题:一是乡村人民生计的困苦;二是乡村人民知识的浅陋;三是乡村风俗的颓惰;四是乡村人才的缺乏。1930年,黄质夫应邀出席江苏省农矿厅主办的全省农村改进机关联席会议,会上他提交了《农厅村政改进会议提案》,主要有四个方面的内容:(1)救济农民困苦案;(2)推广农民教育案;(3)注意村政改进案;(4)保护农民造林案①。

在黄质夫看来,乡村农民之所以生活困苦,究其根本原因在于农民的愚昧无知。他在《农厅村政改进会议提案》中指出,"各地农民知识简(谫)陋,已达极点,各县教育之经费大半取之于农。而对于如何增进其知识,提倡农民教育是为最切要之问题"。黄质夫主张大力推广农民教育,目的就是要培育"科学化之农民",进而有效提升农民的科学化素养。他认为:"凡乡村师范学校及农村小学,均应负有推广农民教育之使命,如乡村儿童之义务教育,成人之补习教育,以及设立农民教育馆、新式农具陈列所试验所等,灌输农民以相对之常识,俾各地成为科学化之农民,此皆有赖于推广农民教育也。"②

### (二)乡村社会教育的组织:乡村师范是乡村文化的中心

黄质夫与陶行知都认为乡村师范学校应该成为改造乡村社会的中心。陶行知指出:"乡村学校是今日中国改造乡村生活之唯一可能的中心。"他在为中华教育改进社起草的《改造全国乡村教育宣言书》中,提出要"筹募一百万元基金,征集一百万位同志,提倡一百万所学校,改造一百万个乡村","一心一德的为中国乡村开创一个新生命"③。黄质夫同样认为:"改良农村,以学校为起点。教育是整个的,学校教育应与社会打成一片。乡村师范学校,应为乡村文化中心。"④

在创办栖霞乡师时,黄质夫提出如下教育宗旨,即"第一使教育乡

---

① 黄质夫.农厅村政改进会议提案[M]//王文岭,黄飞.黄质夫乡村教育文集.南京:东南大学出版社,2017:165-167.
② 黄质夫.农厅村政改进会议提案[M]//王文岭,黄飞.黄质夫乡村教育文集.南京:东南大学出版社,2017:166.
③ 陶行知.陶行知全集:第一卷[M].长沙:湖南教育出版社,1984:654.
④ 黄质夫.我们的主张与实施[M]//杨秀明,安永新.黄质夫教育文选.贵阳:贵州教育出版社,2001:86.

化,第二使乡村教育化。一方面要思想言论行为合一,一方面谋家庭学校社会沟通"。栖霞乡村师范学校不设传达室,村民可以随时进校听课学习,参观或咨询问题。黄质夫强调乡村教育的社会化,是因为他看到乡村教育与社会生活有着十分密切的联系,且时刻受到乡村社会经济发展的影响和制约。这种认识反映了近代中国乡村教育的发展规律和本质特征,那就是乡村学校教育必须开门办学,适应乡村社会之需要,完成乡村建设现代化之使命。

黄质夫认为,"学校为社会公共机关之一,其存在之价值在促进社会之进步"①,乡村师范应该成为改造乡村社会的中心。在黄质夫看来,乡村师范学校不仅是养成乡村中小学教师的培训基地,需要注重乡村师范生的专业训练和生产劳动;同时还兼顾社会改进的需要,肩负着增进农民生活、改良乡村组织、建设乡村社会的历史使命。他说:"乡村师范所负之使命,不仅在造就乡村小学之教师,尤应具有增进农民生活,改良乡村组织之实际工作。亦将借此推广事业,使学生灼知社会情形,熟练推广方法,庶使服务乡村后,可以改进农村,可以领导民众。"②

基于对传统乡村师范学校行政组织混乱且权责不分明的考虑,黄质夫根据乡村社会教育推广活动的实际需要,将过去的总务、教务与训育三部作了改革调整,校长下设工读指导部、生活指导部、研究试验部、推广部与总务部五部,每部各设主任一人,以便及时有效处理各部事务。乡村师范学校专门设立的推广部是黄质夫在斟酌考虑乡村师范学校教育特殊使命的基础上,新增添设而成立的部门③,其主要职能就是组织

---

① 黄质夫.栖霞乡村师范服务社会之实况[M]//杨秀明,安永新.黄质夫教育文选.贵阳:贵州教育出版社,2001:35.
② 黄质夫.服务乡教八年之自省[M]//杨秀明,安永新.黄质夫教育文选.贵阳.贵州教育出版社,2001:59-60.
③ 曲铁华.民国乡村教育研究[M].长沙:湖南教育出版社,2018:422.

乡村师范生开展各项社会服务事业,目的是使师范生明了乡村社会的实际情形,熟练乡村社会教育推广方法,培养他们服务社会的信念以及改造乡村社会的实践能力,造就"教师—导师—领袖"三位一体的新型乡村人才。为了更好地开展社会服务,黄质夫还专门组织成立了乡村教育调查团,深入了解乡村社会真实情形,为后续开展民众教育、农事改良、村政指导等工作奠定基础①。

### (三)乡村社会教育的内容:乡村生活是社会教育的全部

陶行知认为乡村生活就是乡村教育,乡村教育必须以乡村生活为内容。他说:"过去的乡村教育之所以没有实效,是因为教育与农业都是各干各的,不相闻问。教育没有农业便成为空洞的教育,分利的教育,消耗的教育。农业没有教育,就失去了促进的媒介。"②"活的乡村教育要教人生利,他要叫荒山成林,叫瘠地长五谷,他要教农民自立、自治、自卫,他要叫乡村变成西天乐园,村民变成快乐的活神仙。"③

黄质夫非常赞同陶行知生活教育的理论,他主张以学校为乡村文化之中心,凡乡村农民之需要者,概以尽量供给。他认为乡村师范学校是负有乡教使命的先锋队,对于增进民众幸福,灌输知识,增加生产,不仅是义不容辞,更是责无旁贷。他说:"乡村师范负有改进农民生活之责任,对于农民生活所寄托之农业,当然不容漠视。"④因此,我们要改良农村组织,增进农民生活,普及农村教育,提高农民知识,提倡农村娱乐,培养农民道德,实现村无游民、野无旷土、人无不学、事无不举的愿望。

---

① 周静,潘洪建.黄质夫与陶行知的乡村师范教育思想、实践之比较研究[J].档案与建设,2023(6):99-102.
② 陶行知.陶行知全集:第一卷[M].长沙:湖南教育出版社,1984:654.
③ 陶行知.陶行知全集:第一卷[M].长沙:湖南教育出版社,1984:653.
④ 黄质夫.乡村师范对于农事改良上应负之责任[M]//杨秀明,安永新.黄质夫教育文选.贵阳:贵州教育出版社,2001:33-34.

在栖霞乡师的社会服务事业中,乡村生活是社会教育的全部被体现得淋漓尽致。尤其是推广关涉到农民生活的全部。大致可以分为六个方面:一是关于生计教育者。(1)开放农场、林场供附近农民参观,所有优良品种,农民均得以同样物品调换或购买;(2)组织合作社,贷金周急,遇有村民急需用款处,常予以相当之赞助;(3)筹设押稻仓库,以便农民前来抵押稻谷贷款用于生产经营;(4)举办农事展览会,推广优良品种;(5)举行各种运动,如生计调查、改良水利、介绍农具、驱除虫害等。二是关于语文教育者。(1)举办民众学校指导民众认字,灌输文化,破除迷信;(2)设民众阅书报处,方便民众阅读;(3)开展识字运动,举行识字谈话会,普及民众文化。三是关于健康教育者。(1)特设栖霞医院,方便为附近农民施诊给药,医治疾病;(2)开展防疫运动,注射各类预防针苗;(3)举办清洁运动,上门进行卫生指导。四是关于村政教育者。(1)组织栖霞村政研究会,共谋地方事业之发展;(2)请设警察分驻所,维护地方治安;(3)组织栖霞保卫团,防卫学校治安;(4)实行调查农村社会状况,编纂全省各地农村新志。五是关于家事教育者。(1)举办农忙托儿所,代为教养,解除农忙期间农民家庭困难;(2)举行家庭访问,调查平民产院孕妇数目,宣传家庭卫生。六是关于休乐教育者。(1)设栖霞民众茶园,引导农民作正当之娱乐;(2)举行娱乐大会,乡师利用周六晚间引导农民高尚兴趣;(3)戒除烟赌,宣传劝导农民戒烟禁赌。[①]

**(四)乡村社会教育的载体:友农社和农民教育馆**

陶行知主张"我们深信教师应当做人民的朋友"。1926年,他在《我们的信条》一文中写道:"我们从事乡村教育的同志,要把我们整个的心

---

① 黄质夫.我们的主张与实施[M]//王文岭,黄飞.黄质夫乡村教育文集.南京:东南大学出版社,2017:254-257.

献给我们三万万四千万的农民。我们要向着农民'烧心香',我们心里要充满那农民的甘苦。我们要常常念着农民的痛苦,常常念着他们所想得的幸福,我们必须有一个'农民甘苦化的心'才配为农民服务,才配担负改造乡村生活的新使命。"①

1927年,黄质夫在《我们的信条》中写道:"常想着乡民是我们的好友,常想着乡村是我们的乐园。"②在他看来,要想办好乡村教育,首先要赢得村民的信任,必须主动联系农民,服务农民,和农民做朋友。于是在黄质夫的领导下,栖霞乡师全体师生精心组织、筹备成立了友农社。他主张友农社要成为乡村大学的研究院,真正使得乡村师范变为乡村文化的中心。在《我们友农社的设计》一文中,黄质夫明确指出了设计友农社的具体目标:(1)使农友明了自己在乡村里的地位;(2)使农友明了自己和社会国家的关系;(3)使农友明了"农业神圣"而乐于劳动;(4)使农友明了乡村环境的优美而乐于村居;(5)使农友明了日常生活的常识和国家的时事;(6)使农友明了三民主义;(7)使农友明了强健身心的方法;(8)使农友明了勤俭的美德;(9)使农友明了乡村保卫的重要;(10)使农友明了服务社会的热情③。

关于友农社的事业和希望,具体可以分为以下六个方面的内容:一是关于农友知识的,包括开设民众夜校,设立村民识字处、村民问字处,给村民代笔,购置新闻杂志和有益村民的书籍,举行各种谈话会,陈列和研究农产物品等事项。二是关于农友道德的,内含孝敬、勤俭朴素、戒烟赌、亲爱(不侮辱人)、守时间、不当路小便、废止虚礼、清洁等要求。三是

---

① 方明.陶行知教育名篇[M].北京:教育科学出版社,2005:73.
② 黄质夫.我们的信条[M]//王文岭,黄飞.黄质夫乡村教育文集.南京:东南大学出版社,2017:308.
③ 黄质夫.我们友农社的设计[M]//王文岭,黄飞.黄质夫乡村教育文集.南京:东南大学出版社,2017:142.

关于农友身体的,诸如推行国技、竞走、游泳、竞舟、登山、牧牛运动,举行各种比赛等项目。四是关于农友娱乐的,主要有餐会、象棋、音乐、赛会、讲书、唱词、钓鱼、演剧等娱乐形式。五是关于乡村群众的,涉及群众之间共同合作、实习储蓄、改良社会、经营合作社、改良农事等事宜。六是关于乡村社会的,具体包括创办民众周报,进行村政指导、乡村保卫,组织消防队,进行沟渎、道路扫除,开展蚊蝇驱除和防疫运动,推行村中公墓,破除迷信,交换种子,代办农具,设立中心茶园,劝禁烟赌,改良风俗,举行通俗讲演,创办农忙托儿所、疾病托儿所等。[①]

为了改进乡村风俗、推广乡村社会教育,黄质夫精心筹备了民众茶园,利用栖霞新村民众的余暇,实施社会教育,提倡正当娱乐,指导休闲生活。民众茶园为三间一厢的草舍,内部陈设了一些书报和各种娱乐器具。室内张贴了许多简要规约和标语,诸如茶客应保持优良礼貌、提倡不吃纸烟、遵守规则是好村民、请勿高声谈论、请勿随意吐痰、讲究生活卫生等。民众茶园由栖霞乡师各部职员兼为指导,另有在茶园实习的师范生负责处理,共同引导村民遵守公德、提高自身素养。

此外,黄质夫还参酌栖霞本地社会情形,建设了一所最合宜的农民教育馆。农民教育馆占地平房五间,为陈列各种物品之用。馆内管理人员由本科扩充事业主任担任,实小教师也参加服务以期发展,其余任务则由本科学生处理。农民教育馆包括以下几种事业:一是普及农民常识。帮助农民了解各种农具及其功能,如风车、水车、犁、耙、锄、锹、铲、镰刀。二是识别各地不同种类的农产标本。比较本村、本省各县、日本欧美所产之米、麦、稻、果、豆等物。三是农产改进标本及办法。通过挂图介绍各种新式施肥方法,如桑之施肥法、桃之施肥法、豆之施肥法、麦

---

① 黄质夫.我们友农社的设计[M]//王文岭,黄飞.黄质夫乡村教育文集.南京:东南大学出版社,2017:142-146.

之施肥法、稻之施肥法、甘蔗和马铃薯的种植法等。四是了解事物发明的原始情形。借助各种图片,养成农事企业观念。五是定期宣传农人田间指导事宜。如宣发本乡农产品产量比较图,各种植物、动物生理解剖图,新法豢养动物的小册子等。六是定期推行流动农民图书馆事宜。如各种中药、枯鲜果品、日用品的认识活动,并参照儿童通俗画、通俗教育画,介绍本国十二个月的风俗。①

### (五) 乡村社会教育的实验:栖霞新村建设的实践探索

黄质夫主张"改良农村以学校为起点","乡村师范学校,应为乡村文化中心"②。黄质夫针对旧中国乡村的现状,亲自为乡村师范生制订了改造乡村社会的具体步骤与策略:"第一步须使乡村人民,家给人足,富而后教,那就容易了。第二步是养成乡民具有适当的组织能力。其要点在使乡民的知识增进,道德高尚,然后聚集此等民众组织新村,兴办一切事业。第三步是指导乡民组织与建设,使乡村社会事业,日有进展,实现理想的新中国乡村。上述的三层办法,除了第一层,似乎在短期间内,非我们能力所能办到外,其余都是我们分内应做的事,我们改造乡村惟一的工具,就是教育。"③

黄质夫认为,要实现改造乡村社会的理想,必须有赖于一种组织。于是黄质夫大胆探索、勇于实践,带领栖霞乡师的师生及附近民众,以栖霞乡村师范学校为中心,筹划组织了一个社会化、科学化、农业化、革命化的"栖霞新村"。他说:"我们乡村教育界的同志,既然负有指导乡民的

---

① 黄质夫.本科农民教育馆计划草案[M]//王文岭,黄飞.黄质夫乡村教育文集.南京:东南大学出版社,2017:138-141.
② 黄质夫.我们的主张与实施[M]//杨秀明,安永新.黄质夫教育文选.贵阳:贵州教育出版,2001:86.
③ 黄质夫.中国乡村的现状和乡村师范生的责任[M]//杨秀明,安永新.黄质夫教育文选.贵阳:贵州教育出版社,2001:4

责任,那么,对于改良乡村组织,改善农民生活,增进农民知识等问题,都应该仔细去研究,切实去努力,毋佻谈学理,毋徒托空言,实事求是,实现我们到民间去的抱负,实现我们以学校做改革社会的中心的理想。可是这样任重道远的事业,不是一蹴而就,也不是少数人定了一个计划,做了两篇文章,就可以成功的。行远自迩,登高自卑,欲达到我们改造乡村社会的目的,不得不有赖于一种相当的组织,本着我们尝试的精神,鼓舞着我们的勇气,筹划了几个月,组织了一个'栖霞新村',目的在造成正当生活的环境,使村民的生活更形美满。"[①]

"栖霞新村"村长由乡师主任黄质夫担任,主持一切事宜。村长下设村议会、村裁判所、村政局三部,分掌本村一切立法、司法、行政事宜。村议会为本村立法机构,村裁判所为本村司法机构,村政局为本村行政机构,设局长一人由村长兼任,内分三科:一是总务科。设科长一人,由村长聘任,内分会计、庶务、书记、交际、警察、炊事、贩卖、工程、介绍、集会十组,组设指导员一人或二人,处理各该组一切事宜。二是学艺科。设科长一人,处理本科一切事宜,由村长聘任,内分编辑、教育、讲演、学艺、农事、工艺、游艺七组,组设指导员一人或二人,处理各该组一切事宜。三是体育科。设科长一人,由村长聘任,内分卫生、运动两组。

黄质夫在栖霞新村职员就职典礼上阐述了组织新村的具体原因:"第一点,训练我们有适应乡村生活的能力。乡村生活是非常简陋的,我们新村内有各种的事业,很可以教我们得许多经验,添许多日常生活的技能和知识。第二点,改良村民的生活。我们组这新村,有种种设施,可以把乡村的生活改善了,那么乡村自然会发达了。第三点,养成做领袖的能力。我们将来都是在乡村做领袖的,领袖须具有做领袖的才能,方

---

[①] 黄质夫.《栖霞新村》半月刊发刊词[M]//南京市栖霞区地方志办公室.师之范:黄质夫在南京栖霞.北京:中国文史出版社,2012:148.

能胜任。"①

黄质夫带领栖霞乡师师生组建"栖霞新村",目的是创造一个"各有所劳,各有所需,使人人得到相当的、丰富的生活,一面使各人能尽量发展自己的个性,一面使新村的民众明了为公共服务的利益而共同作业。……大家出入相友,守望相助,忧乐与共的新中国的乡村"②。黄质夫对"新村"的构想,是使本校所在地变为"野无旷土,村无游民,人无不学,事无不举之理想乡村"③,并对理想的乡村做了具体的说明:

(一) 野无旷土就是:

1. 全村没有不种庄稼的土地;

2. 全村没有不长树木的山陵;

3. 全村有适宜的排水灌溉的沟渠和河道;

4. 利用科学的方法改良农业,使农产的收入增加;

5. 利用不可垦种的田地从事蚕桑、畜牧、养鱼等事。

(二) 村无游民就是:

1. 全村男女老幼都有相当的职业;

2. 提倡及时的合理的享乐,使人人有康健的体格,没有人因病废业;

3. 利用农闲从事各种农产制造;

4. 农民全体明瞭(了)劳动的价值而乐于劳动;

5. 戒绝烟酒赌博,铲除土劣贪污。

---

① 黄质夫.在栖霞新村职员就职典礼上的讲话[M]//王文岭,黄飞.黄质夫乡村教育文集.南京:东南大学出版社,2017:115.

② 黄质夫.《栖霞新村》半月刊发刊词[M]//南京市栖霞区地方志办公室.师之范:黄质夫在南京栖霞.北京:中国文史出版社,2012:148.

③ 黄质夫.栖霞乡村师范服务社会之实况[M]//杨秀明,安永新.黄质夫教育文选.贵阳:贵州教育出版社,2001:35.

(三) 人无不学就是：

1. 人人读书识字，而且有用书的能力；
2. 全村民众有征服天然环境的知识和能力；
3. 全村民众有爱护乡村及发展农村的观念；
4. 全村民众对于国家社会有明确的认识；
5. 养成村民团体习惯、互助道德并参加各种社会活动的热忱；
6. 人人有高尚娱乐的修养和善用闲暇的习惯。

(四) 事无不举就是：

1. 全村有四通八达的道路和水道；
2. 有改良乡村卫生娱乐和发展乡村经济的组织；
3. 有各种防灾的设备和适当的慈善事业；
4. 有优美的花草树木；
5. 有丰衣足食的原料和储藏的仓库。①

为了帮助乡村师范生更好地适应乡村社会，改良乡村环境，栖霞乡师还专门设立了推广部，开展各项社会服务事业，大致可以分为三个方面：一是关于教育者，如民众学校、民众补习学校、民众注音符号宣传运动、民众识字运动、民众读书处、民众代笔处、民众茶园、流动图书、通俗讲演、科学常识试验、民众科学馆、幻灯讲演、说书、影片、新剧、民众周报、民众书报之类。栖霞乡师举办各类民众学校，下乡劝学，提倡识字运动，师生每人指导村民三人，课余之暇分赴各村民家庭教学。同时，设立村民图书馆，收藏大量平民读物，由师生分任阅读指导。二是关于村政者，如村政改进会、户主会、风俗改良会、劝戒烟赌、破除迷信、保存古迹、平分米面、消防队、合作筑路、乡村社会调查、代办物品、提倡国货、指导

---

① 黄质夫.乡村实施教育[M]//王文岭,黄飞.黄质夫乡村教育文集.南京：东南大学出版社,2017:6.

合作，民众娱乐会，音乐会，各项体育运动，卫生指导，施诊给药，清洁运动，种痘运动，防疫运动之类。栖霞新村成立村民自卫军，抵御匪盗，维持地方治安。同时，发行《栖霞新村》半月刊及其他刊物多种，广为分送，传播新闻。此外，还组设"栖霞商店"，货物齐全，价廉物美，方便乡民购物，"村民颇称便利"。三是关于农业者，如改良农事、指导种植、交换麦种、赠送棉籽、指导育蚕、推广造林、扑灭蝗螨、合作灌溉、合作售卖、农忙托儿所之类。① 栖霞新村还专门成立了信用合作社，帮助村民解决"借贷无门，周转乏术"的困窘之状。1932年，黄质夫亲自到乡村多次调查农民生计，特向上海商业储蓄银行南京分行接洽抵押贷款一万余元，救济栖霞附近二十余乡村，乡民欢声雷动，爱戴莫名。

1930年8月11日《时事新报》报道："南京中学栖霞乡村师范科，位于栖霞名胜，自国府各部要人，以及教育界人士，凡游栖霞道经该校参观者，无不心许该校甚合造就乡村师资之旨。因该校主任黄质夫勤奋将事，以身作则，故见有成绩。"正因为创办"栖霞新村"卓有成效，1928—1930年，黄质夫受江宁县政府委托，指导学校附近13个村的村政，开展信用合作、改进农事等活动。国民政府中山陵园在规划农林推广实验区时，曾拟聘他为指导员，而黄质夫则以栖霞乡师"办学责任未了，敬谢不敏"；安徽省教育厅厅长也曾聘请他担任蚌埠师范学校校长，黄质夫以"在栖霞三年，教导学生已有相当效果，不忍中途茹甘避苦（彼处待遇丰优）"谢绝了。这从侧面反映出当时社会上对栖霞乡师及"栖霞新村"的肯定，同时也折射了一代乡村教育家黄质夫坚持扎根农村、献身乡教、不图名利的高贵品质。

栖霞乡师的学生走向乡村，参与社会，"学校社会化、社会学校化"卓

---

① 黄质夫.栖霞乡师推广事业概要[M]//杨秀明,安永新.黄质夫教育文选.贵阳:贵州教育出版社,2001:26.

## 第三章　黄质夫乡村教育思想的主要内容

有成效。在黄质夫的主持下,生机勃勃的栖霞乡村师范和"栖霞新村"得到当地民众乃至教育界、知识界的好评。有人称赞这里是"模范乡村""乡村乐境""艺术化的乡村",有人指出栖霞乡师是"乡村改造的先锋","乡村建设的开拓者"①。黄质夫本人并不满足于此,他说:"近年来从社会的舆论中,感觉我们栖霞乡师还算好,没有将人家子弟教坏的话,并且还得了些做事刻苦勤劳的美称。但我们这时的表现还不算,应该继续保持二十年、三十年、一百年、一千年。将来在栖霞乡师校友会一百年时,社会上倘仍有如此美誉,才是真正的有光荣。师范学校有名不是靠学校添教具、盖新校舍,乃是要靠毕业生在社会上服务努力,贡献特多,方能使学校的校名闻于社会人士耳中。"②

回顾考察二十世纪二三十年代的乡村教育运动,设立了许多乡村教育试验区,其中影响较大的主要有:1926年6月,由黄炎培领导的中华职业教育社在江苏昆山徐公桥设立的乡村改进试验区;1927年3月,以陶行知为总干事的中华教育改进社在南京郊区晓庄创办试验乡村师范学校;1927年冬,以晏阳初为总干事的中华平民教育促进总会在河北定县设立的乡村平民教育试验区;1931年6月,以梁漱溟为代表的乡村建设学派在山东邹平设立的乡村建设试验区。而1928年4月,由黄质夫领导的栖霞新村建设试验区,取得了十分显著的成效,促进了当地乡村经济文化的发展。毫无疑问,"栖霞新村"是近代中国乡村建设运动中一颗璀璨的明珠。从某种程度上说,它与当时国内知名的一些"模范村""试验区"相比,并不逊色③。

---

① 朱煜,徐立刚,徐兴䀛.乡村教育家黄质夫与南京"栖霞新村"建设[J].档案与建设,2016(6):51-55.
② 刘兢兢.黄质夫与乡村师范教育[J].档案与建设,2004(6):40-41.
③ 朱煜.教育家黄质夫与民国时期"栖霞新村"建设[J].历史教学问题,2009(2):57-60+21.

## 第四节 黄质夫乡村学校教育管理思想

黄质夫一生创办、主持和管理过四所乡村师范学校,在实践中形成了内涵丰富、具有中国特色的乡村学校教育管理思想。其学校管理的要素中,包括对学校行政组织、学校课程、学校教师和学生的管理,其中教师和学生是管理活动中最为重要的要素。挖掘黄质夫学校教育管理思想的精髓,更好地运用其中的理论与实践经验,对于促进新时代乡村学校管理工作的科学化有着重要借鉴价值和现实意义。

### (一)乡村学校组织管理

在黄质夫看来,"中国提倡新式教育逾三十年,提倡乡村教育亦十多年,而其结果,辄与始愿相违。……深觉已往之乡村教育,实未尝契合于中国之乡村。而乡村教育发源地之乡村师范,实有首先改革之必要"。同时,"学校之有行政组织,所以负其使命,而求其事功,号令之所由出,工作之所由成,务使名实相符,轻重适当,事有所归,人有所职,则气象严整,精神振发"。他指出,"师范学校不同于普通学校,乡村师范又不与普通师范等同。今后之乡村师范将注重劳作之训练,生产之技能,社会之改进,则总务、教务、训育三部之名称,不仅涵义含浑(混),即其职权,亦有不能妥适分辖之嫌"[1]。因此,他主张首先要对乡村学校的行政组织进行严格整治,务必要做到"名实相符,事功易从"。黄质夫结合乡村师范的实际需要,经过慎重考虑,提出将以往的总务、教务、训育三部改为

---

[1] 黄质夫.服务乡教八年之自省[M]//王文岭,黄飞.黄质夫乡村教育文集.南京:东南大学出版社,2017:227-236.

工读指导部、生活指导部、研究实验部、推广部和总务部五个部门。

1. 工读指导部

工读指导部根据《乡村师范组织暂行规程》中的教务部而稍加变更。黄质夫认为，普通中学和普通师范，鲜有注意于劳作之训练者，学生来学之唯一目的，亦仅在知识之追求，一教务部已足以负担其使命。但是，乡村师范与普通中学和普通师范不同，长久以来一直提倡"双手万能"，注重"习农习工、工读并重"，日益趋重于生产技能之训练。乡村师范生除了一切乡村教师所应具之教书技术以外，尤应先成为一个优良之农工。故而改教务部为工读指导部者，亦所以求其名实相符。

工读指导部设注册、工读、成绩、统计四股，设股员各若干人办理各股事宜。黄质夫在《工读指导部实施方案》中明确了该部的实施原则，具体为依照三民主义、遵照现行法令、适应青年个性、根据乡村环境、增进学习兴趣、注重平均发展、厉行生活教育、力求内容充实、注重专业训练、顺应现代思潮[①]。

2. 生活指导部

生活指导部根据《乡村师范组织暂行规程》中的训育部而稍加变更。在黄质夫看来，"乡村师范生训练，不仅对于性行方面应加以注意，即日常生活，亦宜详加指导，养成刻苦耐劳勤俭自重之习惯，以适应乡村之环境，而为农民之表率"。因此，乡村小学教师的责任不仅仅在于能够教学数十名儿童，更重要的是要能通过他自身的行动表现，成为乡村社会的榜样，从而起到潜移默化、移风易俗的积极作用。

生活指导部设训练、舍务、卫生、体育四股，主要是指导学生组织自治会，选举各项服务生，培养学生的自治能力和公民生活应有之知能。

---

① 黄质夫. 苏省南中栖霞乡师各部实施方案[M]//王文岭，黄飞. 黄质夫乡村教育文集. 南京：东南大学出版社，2017：216-226.

具体而言,包括以下几个方面:一是通过指导学生开展军事训练运动竞技,以锻炼其健全的体格,规律的生活,及艰苦耐劳的习惯;二是开展炊事服务之指导,培植学生爱惜物力之美德;三是通过工艺农事作业和生产劳动实习,训练青年学生爱好职业的心情;四是通过借助消防服务的训练,养成学生同情的态度;五是通过消费合作社的练习指导,养成学生节俭的习惯;六是通过演讲指示乡村教育救国之真理及中外大教育家献身教育事业的精神,以坚定青年学生毕生服务乡教事业的志向。总之,生活指导部基于乡村社会生活需要,根据青年学生心理,注重人格感化和积极指导,使学生尽量参加一切生活作业,增长学生处理事务的经验和自主生活的能力。①

### 3. 研究实验部

研究实验部根据乡村师范附属小学主事一职而稍加变更。黄质夫认为,乡村师范附小之于师范本部,以及师范实习生之于附属小学,本就具有研究与实验两大使命。但是,实际情况却因组织结构不合理,而导致师范附小与师范本部意见隔阂,人事纠纷不断。为了加强师范附属小学与师范本部的沟通,消除彼此间的误会,提高分工合作的效果,所以将附属小学主事与研究实验部门合而为一。

研究实验部主要负责设计研究并改进乡村教育上之一切问题,并实验新教育方法,以建设完善之乡村小学。黄质夫认为,研究实验部要注重延聘专业人才,提倡教师进修,同时要根据乡村社会环境,就国内外之各种新试验,及各专家研究之所得,参酌本国国情,以试验新教育之中国化。此外,要指导乡村师范实习生开展师范教育、民众教育、儿童教育以及事务方面等各种研究,介绍实验成功的教育方法和地方小学,设计规

---

① 黄质夫.苏省南中栖霞乡师各部实施方案[M]//王文岭,黄飞.黄质夫乡村教育文集.南京:东南大学出版社,2017:216-226.

划师范教育上之实施问题,设计创制实验方法以及改造不合宜之实施事项,调查研制各项调查表,设计改进乡村小学的环境与设施,并注意儿童学业、性行(品行)之指导与考查,目的是使师范生以乡村为乐园,以服务为职志,以研究为乐事。①

4. 推广部

推广部是在斟酌考虑乡村师范学校教育特殊使命的基础上,新增添设而成立的部门②。黄质夫认为,"乡村师范所负之使命,不仅在造就乡村小学之教师,尤应具有增进农民生活,改良乡村组织之实际工作"③。他主张乡村师范学校应以推广部为实施中心,促使乡村师范学校培养的学生了解乡村社会、熟练推广方法,进而可以推广乡村事业、领导民众和改进乡村。各乡村师范虽然已经有众多的推广事业,如民众学校、民众茶园、民众娱乐馆、民众体育场、农民教育馆、问字处、代笔处等,但是计划待办者尤其多,故而增设推广部不仅是维持现有乡村民众事业的要求,更是谋求事业进一步发展的需要。

推广部通过组织乡民举办民众学校、创办民众教育馆、扩充民众娱乐馆,开展识字运动、举行通俗演讲,添置识字牌、格言牌,试办家庭教学,举办业余习工等多种形式的推广活动,一方面使学生明了乡村社会实际情形,有服务社会的信念,有欣赏及研究自然的志趣,并能够从社会服务上养成博爱同情、合作互助、牺牲义勇的精神,推而至于其他一切事业,增进其职业技能,引起其从事乡村教育的兴趣;另一方面,对乡村民众开展农业、经济、村政、卫生、社会五大领域的普及教育,唤起农民能自

---

① 黄质夫.苏省南中栖霞乡师各部实施方案[M]//王文岭,黄飞.黄质夫乡村教育文集.南京:东南大学出版社,2017:216-226.
② 曲铁华.民国乡村教育研究[M].长沙:湖南教育出版社,2018:422.
③ 黄质夫.服务乡教八年之自省[M]//王文岭,黄飞.黄质夫乡村教育文集.南京:东南大学出版社,2017:227-236.

动改善生活的觉悟,使农民能自动改进农事用具,并培养农民能负起完成训政之责任,从而推进个人自立自治以及国家民族之自立自治。①

5. 总务部

总务部根据《乡村师范组织暂行规程》设置而未予变更。黄质夫建议,既然学校其他事务已有专职管理,而校长又为领导学校一切事业之人,在乡村师范学校发展初期,总务部主任一职不妨由校长自兼,以达到整体部署规划的实施效果。他认为总务部实施方案要参照工读、生活、研究实验和推广四部的方案协助进行,秉持"服务人人、厉行节约"的原则,提倡"一切设施教育化、一切工作科学化、一切布置艺术化、一切经费经济化"的标准,强调规划深远,计算精密,严密考成,勤于督查,注重用科学方法管理,得支配之宜,收分工合作之效,做到"人尽其才,物尽其用"。同时,强化校工的训练,增加他们的知识和技能,培养其刻苦耐劳的习性,以适应学校团体生活及乡村环境的需要。

总之,全校事务均归辖于工读、生活、研究实验、推广和总务五部负责,同时,"五部之内,更分股别,然后拟订原则,以坚信守,确立标准,以明趋向,指示方法,以利工作,严密组织,以别系统,则名实不紊,事功易注,庶使学校行政机能,得以尽其最大效率"②。

## (二)乡村学校课程管理

1932年,黄质夫在《服务乡教八年之自省》一文中指出,传统教育培养出来的学生,一出学校就感觉前途茫茫,安身无处,即能谋得一技,亦多用非所学。因而导致社会上多是失业之民,教育无用之论,甚至职业

---

① 黄质夫.苏省南中栖霞乡师各部实施方案[M]//王文岭,黄飞.黄质夫乡村教育文集.南京:东南大学出版社,2017:216-226.

② 黄质夫.服务乡教八年之自省[M]//王文岭,黄飞.黄质夫乡村教育文集.南京:东南大学出版社,2017:227-236.

学校的学生，也是只懂得消费而不会生产。此外，农工子弟习尚浮夸，鄙夷劳动，实乏技能，一知半解，怨天尤人。究其原因：课程误人，教非所要，未能尽善所致，"或偏于用脑，而忽视劳作；或偏于理论，而忽视实行；或侧重记忆，无补于职业；或崇尚新奇，不切于生活；或以支配不均，轻重互见；或以学习不专，空泛难成"。因此，黄质夫对乡村师范学校的课程进行重大改革，提出了"浅尝科目宜减并、职业课程宜增加、实施工读以代实习、加紧劳作以代体育、利用休闲以代音乐"[①]的具体改革方案，期望达到"教应所需，用出所学"的课程管理效果。

1. 浅尝科目宜减并

在黄质夫看来，以往乡村师范的课程科目数量，实在是远远超过同等学校。许多学生只能粗浅学习众多课程，既无所知也无所用，白白浪费了时间和精力，以致大半学生尽管在校学习了几年，却没有学成一项专门的技术。因此，他提出乡村师范学校首先要将不急用的课程合并，先求其精，后求其博。从学生角度来看，勤勉者不会有殚精竭虑、苦求完美之难；偷懒者也不会产生避重就轻、苟存侥幸之弊。如此这样培养出来的学生，虽然不是博识之士，但是也可谓专业之民。黄质夫通过实施课程改革，去除了一些不切实际的科目，极大地提高了课程的实用性。

在抗战的非常时期，黄质夫在栖霞乡师的课程中还增加了精神、体格、生产、特殊技能、社会活动等军事训练的内容。1942年，他在《实践的师范教育》一文中指出："今后师范学校之课程，必须重新调整，淘汰不必要之教材，增加需要之教材，如民众教育、民众组织训练等，能合并之科目应尽量合并，以免互相重复，使获得'管教养卫'实际经验。"[②]黄质

---

① 黄质夫.服务乡教八年之自省[M]//王文岭，黄飞.黄质夫乡村教育文集.南京：东南大学出版社，2017：227-236.
② 黄质夫.实践的师范教育[M]//王文岭，黄飞.黄质夫乡村教育文集.南京：东南大学出版社，2017：278.

夫提出"乡村师范,宜在乡村;边疆师范,宜在边疆"①。他把学校迁至少数民族聚居的榕江县,结合边疆地区少数民族教育的特点改革教育教学。由于内地都市所编的教材并不符合边疆民族的实际需求,黄质夫亲自带领师生深入少数民族聚居的村寨,考察其历史文物、宗教信仰、风土人情,在此基础上编撰符合当地社会发展需要的乡土教材。

2. 职业课程宜增加

黄质夫认为:"教育以适应环境为目的,凡社会之需要,事实之便利,均是以促进教育效能。"②从社会民生、人才培养的需要出发,职业教育非常重要,应该大力促进职业教育的发展。他说:"职业固不必限于农,即一切之手工艺、小生意,亦无往而不可学,但期其真能做一农夫、工人、商家,而后职业教育之意义乃达。"③

在黄质夫看来,现有之一切课程,特别是职业课程,均为将来业务之预备。他认为:"乡村师范生除了要有教书技能外,还需要有其他生活之职业,以为改革乡教之张本,使教育成为生活必需之品,而不仅为国家装潢之用,更以之救济教师之失业,而不至穷困潦倒,坐以待毙,并以之唤起士者阶级之觉悟,各宜自食其力,而不以实际劳作为耻。环视农村生产之弱,国民失业之多,则职业课程势不得不急予增加。"④针对多数人企求安逸、鄙视劳动的心理,黄质夫在乡村师范课程中增设职业科目,目的是使师范生参加实际劳动,培养他们尊重劳动、热爱劳动的观念,以便将来毕业从教时再将此观念灌输传承给小学生。

---

① 黄质夫.致贵阳师范学校师生书[M]//王文岭,黄飞.黄质夫乡村教育文集.南京:东南大学出版社,2017:273.
② 黄质夫.宜兴中学省款添设职业科计划书[M]//王文岭,黄飞.黄质夫乡村教育文集.南京:东南大学出版社,2017:193.
③④ 黄质夫.服务乡教八年之自省[M]//王文岭,黄飞.黄质夫乡村教育文集.南京:东南大学出版社,2017:232.

### 3. 实施工读以代实习

黄质夫认为,乡村师范学校要施以最适当之科学教育、最严格之身心训练,并注重生活作业、农事操作、社会服务、教育实习。因此,他提出乡村师范生应开展专业训练,"学校之内,宜有农场、工厂、商店,从耒耜间谈农学则真,从绳墨间谈工学则明,从买卖间谈商学则切"。① 他倡导半工半读、工读合一。学生上午研究,下午做工,其间参加各种职业课程,并以工作代替实习。这样既不妨碍全体学生的学习,更可以依据学生的工作成绩给予学生相应报酬。

以栖霞乡村师范为例,该校的工作分为两种:一种是为培养学生农事工艺等技能,名为"工作",主要包括农事、工艺、缮写和医药看护;另一种是为锻炼学生身体,培养劳动身手及增进耐劳刻苦之精神起见,名为"劳作",主要包括筑路、开垦荒地、开沟、搬运物件、清洁以及布置等工作。栖霞乡村师范《教生实习通则和实习办法》规定:一年级学生"选习"工作以劳作(包括杂务)为中心;二年级学生"选习"工作以农事为中心;三年级学生"选习"工作以工艺(指藤工、竹工、拓碑、印刷等)及缮写、医药看护为中心;四年级学生因在各所义务小学实习,此项"工作"一概免习。女生"选习"工作,以缝绣、医药看护为中心,每年度改选一次。至于"劳作"项目,由教导部临时决定分配学生进行操作。

### 4. 加紧劳作以代体育

在黄质夫看来,体育之目的,在求活泼肌肉,强健体格。然而,今日之体育,乃在技术之研求。令人可惜的是,每年用于体育运动的经费实在骇人,如此昂贵的运动器械并不是乡村小学所能购备,所以建议用劳作来代替体育。他认为以劳作代替体育有着诸多积极意义:一是寓健康

---

① 黄质夫.服务乡教八年之自省[M]//王文岭,黄飞.黄质夫乡村教育文集.南京:东南大学出版社,2017:233.

于生产,建设个人,同时建设国家,是民族一条伟大的生路;二是适合中国国情(既贫、且弱、又危)的一种新体育方法;三是可以使劳作发生兴趣,提高效率;四是适合农民的生活与需要;五是可以免购买大宗外国运动器具,节省经费开支①。因此,黄质夫十分强调乡村师范生的劳动教育。

黄质夫主张,乡村师范生的培养需要根据乡村环境实施且耕且读、耕读合一的培养方针。他认为,"劳动生产训练,并不是狭义的一种劳作生产学科的学习,而是整个教育的内涵,所以应该融合于全部教学课程里"②。在栖霞乡村师范学校,生产劳动作为必修课列入课程表,要求全校师生每日下午务必劳动工作八十分钟,并严格考核工作成绩,论以绩效③。在国立贵州师范学校,生产劳动被定名为"事业活动",各种生产劳动可分为:建校劳动、学校农场劳动、学校工场劳动、林场劳动、校务劳动、炊事劳动以及星期日劳动。生产劳动与教育并举的教育方式,有利于学生以能力为本位的综合素质的提高,学生在学习期间既长知识学技能,又创造劳动价值,做到既出人才又出产品④。

5. 利用休闲以代音乐

黄质夫认为,音乐为休闲生活之一,十分有益于人生。空闲之时,聚集两三个好友,作音乐演奏,可以感受到其中的乐趣。但是考虑到中国百事落后,需要减少休闲生活从事正当工作,无论是社会民众,还是在校学生,都有义务来做一些补救工作,以缩短与西方发达国家的差距。

---

① 黄质夫.我们的主张与实施[M]//王文岭,黄飞.黄质夫乡村教育文集.南京:东南大学出版社,2017:251.
② 黄质夫.中等学校劳动生产训练[M]//王文岭,黄飞.黄质夫乡村教育文集.南京:东南大学出版社,2017:84.
③ 曲铁华.民国乡村教育研究[M].长沙:湖南教育出版社,2018:419.
④ 袁双龙,夏金星.黄质夫乡村教育思想及其对农村职业教育的启示[J].职教论坛,2006(15):61-64.

在黄质夫看来,乡村师范学校的课程设置,除了普通师范课程外,还要结合农村实际需要,增设"农村经济学""农业及实习"等农业专业课程,促进乡村师范生更多掌握农业科学知识,以更好适应乡村环境、指导农民生产。在抗战的非常时期,栖霞乡村师范和国立贵州师范还增加了精神、体格、生产、特殊技能、社会活动等军事训练的内容。通过课程改革,学校去除了一些不切实际的科目,极大地提高了乡村师范课程的实用性。

总之,乡村师范的课程管理,首先要调查中国乡村社会之需要,参考中外教育名家之研究,根据教育宗旨审查乡村教育失败之原因,然后才能够寻求到适当之课程、精确之教材,如此才能够做到既不浪费学生学习的时光,又可以丰富乡村人民的生活[①]。

### (三)乡村学校师资管理

黄质夫主张,"教育者须由第一流的人才充当"。他曾提出"由一流的人做校长,聘任一流的人当老师,创一流的乡村教育,培养出一流的乡村教师和献身国家民族的栋梁之材"[②]。他认为,要有好的学校,不仅要有一流的校长,还要有一流的教师。同时,对于第一流的乡村教师,不仅视其能否胜任教学,还要视其人格是否堪为学生之表率。他坚持以"才能胜任,德能感人"为原则,以高标准延揽最优秀的人才。

#### 1. 由一流的人做校长

校长是专业化的管理人员,对于学校的重要性不言而喻。在陶行知看来,一个完整的学校需要一个完整的校长,这要求校长全身心投入其

---

① 黄质夫.服务乡教八年之自省[M]//王文岭,黄飞.黄质夫乡村教育文集.南京:东南大学出版社,2017:233-234.
② 杨蕴希.黄质夫乡村教育思想及其在贵州民族地区的乡村教育活动[J].教育文化论坛,2012(2):23-26.

中。他曾经说,"校长是一个学校的灵魂,要想评论一个学校,先要评论它的校长"①。他认为,高尚的品行是校长不竭动力的源泉。一个学校的校长承担着重大的责任,他关系到地区教育事业的发展和千万学生的前途,这就要求校长必须有高尚的品性。对照陶行知"第一流的教育家"的标准,黄质夫敢探未发明的新理、敢入未开化的边疆,可谓是当之无愧的第一流的教育家。

黄质夫和陶行知一样非常重视校长的德行。他认为,"教育执民族之命脉,而为社会之楷模,然而身之不修,教于何有,小有其才,徒以佐恶。此导师宜加慎选,而能以身作则者为尚"。他主张,"正国道就应先正师道;要正师道,就要有好的师范学校,要有好的师范学校,就要先有懂教育的、品德十分好的、才学广泛的人来当校长。校长是老师的楷模,老师是学生的楷模"②。一个好的校长能让学校焕发出生机,能让老师信赖并追随,能使学校产生强大凝聚力,黄质夫便是这样一个极具人格魅力的好校长。

2. 聘任一流的人当老师

黄质夫提出"由一流的人做校长,聘任一流的人当老师,创一流的乡村教育,培养出一流的乡村教师和献身国家民族的栋梁之材"。他对于选聘教师要求甚严,不仅要看其能否胜任教学,还要看其人品是否堪为"社会之楷模"③。为此,黄质夫提出了第一流教师的具体标准:"有许身乡教宏愿,改造乡村决心;厉行俭朴,重视劳作,为学生倡;遵守学校纪律,努力为学生表率;努力进修,力求深造;师生共同生活,不自居于例

---

① 陶行知.半周岁的燕子矶国民学校:一个用钱少的活学校[M]//.陶行知.中国教育改造.北京:商务印书馆,2014:38.
② 南京市栖霞区地方志办公室.师之范:黄质夫在南京栖霞[M].北京:中国文史出版社,2012:165.
③ 徐兴昶,黄大卫.栖霞新村:黄质夫先生的教育实践[J].江苏教育,2016(50):74-75.

外;精选教材,恳切指导,务使学生学有所用;有劳而不怨、诲人不倦精神;爱惜公物,共体时艰;见利思义,见危授命,示学生以楷模;爱学生如子弟,视学校如家庭,认乡教为终身事业"[1]。

国立贵州师范创办时,地处边远山区的榕江人才缺乏,学校在报刊上刊登广告,公开招聘教师,在贵阳、桂林等地设立办事处,接待应聘者,还派人、发函到重庆、长沙、柳州等地去物色、礼聘[2]。黄质夫举才唯贤,爱才若渴,加之他在江苏栖霞乡师以及浙江湘湖乡师的影响和声望,许多江南沦陷区的学者、专家都慕名而来任教。学校聘请到许多蜚声教育界的名师,如任中敏、敖克成、汪静之等。这些术业有专攻的专家学者型人物,不仅提高了乡村学校的知名度,还极大提高了乡村师范学校的教育教学质量。

### (四)乡村学校学生管理

黄质夫认为,乡村师范生肩负着改造乡村的历史使命和重要责任,希望"他们毕业后,一定是良好的乡村教师。但是我的希望,不仅希望他们做一个良好的乡村教师,还希望他们去做灌输农民知识,改进农民生活的导师,发展乡村社会事业的领袖"[3]。为了培养这种集教师、导师、领袖三者为一体的乡村人才,黄质夫对乡村师范生进行严格管理和训练,促使他们在校为好学生,出校为好老师。在栖霞乡师,黄质夫还专门制定了乡村师范生培养的20条标准:"和蔼的态度;丰富的感情;坚强的意志;活泼的精神;强健的体魄;好学的兴趣;正义的信仰;勤朴的习惯;高尚的理

---

[1] 黄质夫.服务乡教八年之自省[M]//王文岭,黄飞.黄质夫乡村教育文集.南京:东南大学出版社,2017:230-231.

[2] 张友仲.试谈黄质夫先生的尊师爱生情结[M]//肖云慧.黄质夫乡村教育思想研究.贵阳:贵州民族出版社,2003:85.

[3] 黄质夫.中国乡村的现状和乡村师范生的责任[M]//杨秀明,安永新.黄质夫教育文选.贵阳:贵州教育出版社,2001:5.

想;真挚的同情;远大的眼光;敏活的手腕;勇毅的气概;领袖的才能;雄辩的口才;科学的头脑;创造的能力;奋斗的勇气;耐劳的身手;牺牲的决心。"① 对乡村师范生的严格管理与训练,主要表现在以下三个方面:

1. 纪律军队化

在黄质夫看来,"中国衰弱之原因,虽有多端,而缺乏服从之精神,团结之力量,实其致病之始……故今之言学校训育者,当破除一切责难,采取严格,以军队之纪律,求绝对之服从,则号令自明,工作自力,无观望犹疑之心,有决然一致之效,养成其果敢之精神,诚恳之态度"②。因此,他对乡村师范生进行军队化管理,通过严整全校师生的纪律、服装、食住、工读、劳作、训育,厉行劳作和服务,使学生生活规律化,发挥服务精神,提高民族意识,深植国家观念,团结力量抵御外辱。1936年,正值抗日救亡非常时期,在栖霞乡村师范学校,黄质夫大胆改革创新,组织师范生开展精神、体格、生产、特殊技能和社会活动五方面的军事化训练,培养抗战救国人才。在国立贵州师范学校,黄质夫实行军事化管理,对全体师生进行中小队编制,严密其组织,采用军队礼节,培养学生的军人精神。

2. 生活劳苦化

黄质夫认为,"吾国经历年帝国主义者之榨取,经济日就枯竭,而国民则奢侈成风,群以享乐为尚,此种颓风,若不予以严重之纠正,则中华民族,将沉沦于帝国主义铁蹄之下,永远不能自拔。愚意今后之乡村师范,宜在不妨害学生健康并足以增进其健康之原则下,生活力求刻苦耐

---

① 黄质夫.栖霞乡师十六年度之回顾[M]//王文岭,黄飞.黄质夫乡村教育文集.南京:东南大学出版社,2017:131—134.
② 黄质夫.服务乡教八年之自省[M]//王文岭,黄飞.黄质夫乡村教育文集.南京:东南大学出版社,2017:234.

劳有如劳工,务使全校学生咸知国运日蹇必须厉行节约生产力,更以此种观念,灌入儿童心中,庶可复兴我将亡之民族"①。如果想要通过乡村教育实现救国理想,青年学生的一切生活就需要劳苦化。青年学生只有经历劳苦化的生活教育,才能够去除身上颓废懒惰的风气。唯有如此,他们的志向才会趋于高尚,发扬蹈厉之志,实现强国的愿望。

3. 思想笃实化

黄质夫认为,近代以来国家纷乱,学说庞杂,派别纷呈,年幼无知青年往往意虑不深,轻信盲从,尽弃前人笃实忠恕之行。因此,栖霞乡村师范学校注重学生言行教育引导,灌输学生纯正一贯之思想,查禁偏激刊物和书籍,加强学生德行教育和爱国精神培养,以挽救国难、建设国家为中心,以切合乡教、为人师表为本位,每周举行救国演讲,开展团体和个别训导,在历史、地理课程教学中强调民族意识,培养学生乡土情怀和爱国精神。

黄质夫十分注重师范生的品行教育,对学生的待人接物、尊师重教要求严格,学生无论在校内还是校外,皆要注意自己的言行,并通过严格训练养成良好习惯,使敬礼答礼成为学校风气。黄质夫亲自编写《我是师范生》的歌曲,其中唱道:"我是师范生,热血满腔,做人做事,志大志刚,丝毫无愧俯仰。学有专长,当仁不让,献身教育,造福边疆,唤起民众我担当。看他日,国富民强,赫赫英雄我首创。桃李满园,宿志得偿,我心真欢畅,我心真欢畅。"②此外,黄质夫还在校歌《尊师重道歌》中强调,教师恩情是"严父慈母恩同天高。文化赖指导,品德赖敦陶",不敬师者,将是大过,学生在言行中若有违规,必受批评处分③。

---

① 黄质夫.改进江苏省立栖霞乡村师范学校之刍议[M]//王文岭,黄飞.黄质夫乡村教育文集.南京:东南大学出版社,2017:209-210.
② 黄质夫.我是师范生[M]//杨秀明,安永新.黄质夫教育文选.贵阳:贵州教育出版社,2001:366.
③ 胡燕.黄质夫乡村师范教育思想研究[D].贵阳:贵州师范大学,2021.

## 第五节 黄质夫乡村学校劳动教育思想

黄质夫不仅是乡村学校劳动教育的理论家,更是乡村学校劳动教育的实干家。无论是创办界首乡师、栖霞乡师,还是国立贵州师范学校,他都非常注重师范生的劳动生产训练,积极开展劳动建校、教育救国运动。可以说,长期的乡村师范办学实践奠定了黄质夫劳动教育思想的实践基础。从理论渊源来看,首先黄质夫深受国内著名教育家陶行知生活教育理论的启发,接受了陶行知"教学做合一""在劳力上劳心"的观点。与此同时,他认真学习并借鉴国外优秀教育家关于劳动教育的思想,尤其是受到凯兴斯泰纳劳作教育思想的启发。考察黄质夫劳动教育思想的生成,可以发现这既是其长期实践乡村师范劳动教育的必然逻辑,也是借鉴陶行知、杜威、凯兴斯泰纳等中外优秀教育家的教育思想的再生动能[①]。

### (一)劳动生产训练的含义与价值

黄质夫对劳动生产训练有着相当精辟的论述:"劳动生产训练,实在就是把自然、劳动、社会融成一片,并且是以劳动为联系的总枢纽,用人的劳动来征服自然,以为人类的应用;用人的劳动来组织社会,以达到自由平等的合理的社会。所以,劳动生产训练,是动的教育,行的教育,生活教育,将学校教育社会化,学校内容生活化。"[②]他还进一步指出:"劳

---

① 马兵,朱煜,邓峰.乡村教育家黄质夫劳动教育思想及其当代价值[J].内蒙古师范大学学报(教育科学版),2022(5):44-49.
② 黄质夫.中等学校劳动生产训练[M]//王文岭,黄飞.黄质夫乡村教育文集.南京:东南大学出版社,2017:80.

动生产训练,并不是狭义的一种劳作生产学科的学习,而是整个教育的内涵,所以应该融合于全部教学课程里,举凡一切设备教学,都要含有劳动生产训练的意味。"①

黄质夫把劳动生产训练的价值分为两大类:一是经济的价值,便是打倒以往消费教育、创造新的勤劳作风的教育,他要使教育者及被教育者都能知能行,自给自立,凭着自己的手脑获得生活上必需的物资,从而培养有能有力有用的人才。二是教育的价值,分为道德的、智力的、艺术的、身体的四个方面。他认为通过劳动生产训练,可以养成学生勤劳努力、敬业乐群的美德;可以使学生认知更为深刻、更为正确;可以使学生有发展创造本能的艺术冲动,建筑其乐观的美的人生观;可以使学生活泼肌肉、强健体格②。在抗战时期,除了经济和教育的价值以外,实施劳动生产训练对于人才培植、物资充实、军事进行诸方面都有极大的贡献。黄质夫强调劳动生产不仅可以减少战争时期国家教育经费支出,而且能够充实抗战前线所需的各种物资。他曾多次在全校师生集会上指出:"抗战期间,国难当头,前方将士要吃饭,后方如果不努力生产,那么,生之者寡,食之者众,国则危矣!"

## (二)劳动生产训练的目标与原则

黄质夫坚持以综合育人为本,强调乡村师范生应全面发展。他全方面、多维度地构建了劳动生产训练的总目标,包含健康体魄、劳动身手、科学头脑、生产兴趣、家务处理、公民义务、职业技能、劳动创造、合群志趣9个子目标,重点指向劳动态度、劳动能力、劳动习惯、劳动实践、劳动

---

① 黄质夫.中等学校劳动生产训练[M]//王文岭,黄飞.黄质夫乡村教育文集.南京:东南大学出版社,2017:84.
② 黄质夫.中等学校劳动生产训练[M]//王文岭,黄飞.黄质夫乡村教育文集.南京:东南大学出版社,2017:81.

精神等劳动核心素养的培育。

为达到以上目标,黄质夫还提出了劳动生产训练应遵守的原则:一要通盘筹划;二要切合实际需要;三要因地制宜;四要师生共同生活彻底合作;五要与各科教学取得密切联系;六要讲求效果,严密其管理与考核;七要合经济原则;八要合教育原理。具体而言,就是要统筹规划劳动生产训练的内容与方法;要考虑训练项目是否适合学生技能提升和社会应用;要结合当地生产的实际情况因地制宜,倡导师生合作在"做上教"、在"做中学",将劳动生产训练融合于各科教学;还要遵循学生身心发展规律,严格管理和考核,实现经济效益与教育价值的最大化。他为师范生制定的劳动生产训练原则,具有科学性的理论支撑与可操作性的实践指导,从而收到了事半功倍的效果。

### (三)劳动生产训练的内容与实施

黄质夫将劳动生产训练分为生产劳动、校务助理、家事练习和社会服务四个部分。生产劳动包括农业生产劳动和工艺建设劳动。农业生产劳动是劳动生产训练的骨干和基础,具体包括开辟农场、倡导副业和植树造林。开辟农场是在学校附近开辟一个比较科学的示范农场,既可以供学生试验实习,又能示范或指导农民进行各种农作物的栽培与管理;倡导副业是倡导开展蚕、鱼、鸡、猪、羊、牛等副业生产,以增加农产收入、充裕农民生活;植树造林是开发利用学校周边的荒山来植树造林,不但可以供给木材应用,而且能够调节气候、点缀风景。工艺建设劳动则是利用农场生产品及各种生产原料进行小手工业制造,来满足学校日常生活的各种需要。如:农产制造组负责制酱、做豆腐、造纸;木工组负责家具、木器的制造;纺织组负责弹棉、纺纱、织布;缝纫组负责裁衣、做鞋、刺绣;化学组负责制墨水、粉笔、肥皂、洋烛。各种工艺建设均强调教学做合一,不但提高了学生的劳动技能,而且实现了自给自足的办学目标。

校务助理劳动主要负责协助处理学校各项事务,包括环境清洁、办理膳食、理发服务、协助诊疗看护、印刷装订、图书管理等事宜。学校所有工作均由学生自主完成,既节约了学校经费开支,又锻炼了学生的劳动实践能力。家事练习劳动主要指"洒扫、应对、进退、炊事、洗涤"等日常家务处理,涉及衣、食、住、行诸多方面。黄质夫认为,家事练习应是男女平等、互助合作的,家庭成员要积极参与家事练习,增进家庭幸福。社会服务劳动包含两方面内容:一是开展农民生计与农业生产情况调查;二是设法指导改良乡村社会生活。如调查乡村社会、推广优良种苗、办理民众教育、倡导清洁卫生、提供诊疗服务、指导村政建设等。

在黄质夫看来,实施劳动生产训练的第一步,就是要根据学校的经济、人力和环境的实际状况制订完善缜密的计划。计划要能从大处着眼、小处着手考虑各教育项之间的联系,并详细写出所列事项的先后顺序、工作进度和预定成效。"工欲善其事,必先利其器。"器具与原料、人力与物力是劳动生产训练的基本要素,因此黄质夫提出了利用和使用设备的原则:(1)要尽量利用旧有器具,加以修整改善;(2)少用金钱购买,多用废物制造;(3)先设计简易必需的器具;(4)视学校环境,利用天然产物进行加工制造;(5)利用双手制造,讲求经济效率;(6)师生共同设计制造,富有教育意义[①]。与此同时,进行劳动生产训练,除了要有周详的计划、妥善的设备外,还要有严密的组织。首先,要师生全体加入,才能增进效力,并且领导要以身作则,这样才能达到做学教的本义,才能使工作富有深远意义,使学生发生兴趣。其次,要根据学生的兴趣和能力进行分组。在分组之前,需要对学生开展特种技能和志趣的调查,再根据调查的结果分别组织起来。

---

① 黄质夫.中等学校劳动生产训练[M]//王文岭,黄飞.黄质夫乡村教育文集.南京:东南大学出版社,2017:89-90.

### (四)劳动生产训练的管理与考查

黄质夫认为,管理不但是生产训练所必需的手段,而且作为做学教的必要条件,其影响于学生将来之生活,至深且巨①。他将劳动生产训练的管理具体分为五个方面:一是人的管理,重点在于指导和调度。劳动生产训练一旦开展,各种事业活动,至为纷繁复杂。指导若不得法,便会出现紊乱分歧的现象;调度若稍有失当,则可能产生劳动不均的问题,不是无事可做,便是事情太多。二是事的管理,即对劳动生产的各种活动加以管理,使其合理、经济而有效,达到"事事尽其功"。为此,他还提出了 6 个要求:(1)观察实际的需要;(2)辨别事理的真义;(3)分辨缓急的性质;(4)权衡轻重的关系;(5)确定先后的次序;(6)始终一贯的努力②。三是物的管理,包括用具管理、原料管理和产品管理。用具管理包括农具、工具和家具的管理,须设置专人负责保管,以免遗失凌乱;原料管理指农事方面的种子化肥、工业方面的竹木材料、家事方面的柴米油盐和药品等,都要好好地管理;产品管理指劳动生产的收获和产品,需要办理储存、出售与记账,使其兼顾教育与生产两重意义。四是地的管理。地是一切生产的基础,无论是动物、植物还是矿物,都要从它的管理上来求得。换言之,就是要科学适当地管理利用土地,来增加生产的效果。五是时间的管理。时间是劳动生产训练的必备条件,要善于合理而经济地支配利用时间,使生产效率最大化。③

黄质夫指出,劳动生产训练的考查,应与普通学科成绩考查不同。

---

① 黄质夫.中等学校劳动生产训练[M]//王文岭,黄飞.黄质夫乡村教育文集.南京:东南大学出版社,2017:93.

② 黄质夫.中等学校劳动生产训练[M]//王文岭,黄飞.黄质夫乡村教育文集.南京:东南大学出版社,2017:94.

③ 黄质夫.中等学校劳动生产训练[M]//王文岭,黄飞.黄质夫乡村教育文集.南京:东南大学出版社,2017:94-96.

因为一般学科偏重于知的了解与记忆,而劳动生产训练却侧重于行的程度与效果。所以考查方法和记分标准,应用下列 4 种方法:一是平日考查。如要成绩考查精密,无论农事、工业、家事,还是各工作单位或个人,均应详细记载平日工作情形。二是举行展览。将劳动生产训练有关的成绩和成品,在一个适当时机全部陈列展览,让全体师生共同评价,再分别优劣记载入簿,作为总成绩的参考。三是举行劳动生产训练技术与知能的比赛。四是在单位时间内规定各组工作考核标准,测验考查各人的技术、观念、思想、心得及成品数量,评定总成绩的等第或分数,并择优嘉奖[1]。

黄质夫乡村学校劳动教育思想内涵丰富、独具特色,是其乡村教育思想的重要组成部分。他从事乡村师范劳动教育实践二十余年,对劳动生产训练有着深刻的理解。在《中等学校劳动生产训练》《国立贵州师范学校生产劳动训练》《我们的主张与实施》《学生劳动歌》《劳动建校歌》等多篇著作中,他已然从劳动生产训练的含义与价值、目标与原则、内容与实施、管理与考查等方面,构建起了一套系统完整的劳动教育思想体系。黄质夫立足于乡村师范教育的实际需要,注重师范生德智体美劳全面发展,提出"工读合一、且耕且读、自力更生、抗战建国"的教育方针,培养了一大批"能工、能农、能商,能教学、能生产,能在后方保安,能上前线作战"[2]的新型乡村教师,取得了相当显著的办学成效。

---

[1] 黄质夫.中等学校劳动生产训练[M]//王文岭,黄飞.黄质夫乡村教育文集.南京:东南大学出版社,2017:96-97.

[2] 东南大学校友总会.中国乡村教育的先驱黄质夫[M]//肖云慧.黄质夫乡村教育思想研究.贵州:贵州民族出版社,2003:16.

# 第四章 黄质夫乡村教育思想的贡献与特色

作为中国近代乡村师范教育的先驱,黄质夫在乡村师范教育的理论和实践上积极探索,做出了卓越的贡献。他对中国近代教育的贡献,不仅仅在于乡村师范教育,而是包括整个乡村教育[①]。他的一生以乡村教育为主,始终秉持"教育救国"理想,在长期的乡村教育实践的基础上,结合中国乡村的具体情况,艰苦奋斗,坚持实干,勇于探索,不断创新,形成了一整套独具特色的乡村教育思想体系。他的乡村教育思想与陶行知的生活教育理论一脉相承,而又有所发展、丰富与创新,呈现出鲜明特色:一是注重现实性,二是凸显实践性,三是富于创新性。

## 第一节 黄质夫乡村教育思想的贡献

### (一) 形成了系统的乡村教育思想体系

黄质夫从事乡村教育二十余年,先后创办和主持了四所乡村师范学

---

① 王文岭.黄质夫对中国乡村教育的贡献[J].生活教育,2017(10):12-16.

校,在中国式乡村教育的探索实践中,撰写了 4 部专著和 40 余篇文章,构建起了系统全面、内涵丰富的乡村教育思想体系。就黄质夫的乡村教育理论贡献而言,中国工程院院士、教育部原副部长韦钰评价说:"黄质夫先生是近代最早提出乡村教育救国的人之一,他也是以一个学贯中西的农学家、教育家的身份,系统论述并用乡村师范教育切身经历讲话的第一人。"[1]

回顾黄质夫的乡村教育思想,其系统性主要体现在以下两个方面:

一是乡村教育所涉及的领域具有系统性,具体包括以下几个方面:(1)从乡村教育的场域来看,黄质夫关注到乡村学校教育、乡村社会教育以及乡村家庭教育;(2)从乡村学校教育来看,黄质夫关注到乡村师范教育、学校教育管理和劳动教育;(3)从乡村社会教育来看,黄质夫关注到农民素养的提升、农业经济的发展以及乡村文化的建设;(4)从乡村家庭教育来看,黄质夫关注到家庭主妇会、幼儿生活指导、家庭访问团以及家庭卫生、农友娱乐等;(5)从乡村教育的对象来看,黄质夫关注到乡村的所有居民,无论男女老少,包括乡村幼稚教育、乡村儿童教育、乡村青年教育和乡村成人教育。

二是乡村教育所涉及的内容具有系统性,具体包括以下几个方面:(1)乡村教育救国思想。黄质夫论及了乡村教育是救国唯一的政策,乡村教育要为抗战救国服务,以及非常时期开展军事特殊训练的教育策略。(2)乡村师范教育思想。黄质夫从乡村师范的重要作用、培养目标、课程内容、教育方法等方面提出了系统的师范教育观。(3)乡村社会教育思想。黄质夫从乡村社会教育的目的、内容、组织、途径和实验等方面阐释了社会教育观。(4)乡村学校教育管理思想。

---

[1] 韦钰.树乡村文化新风的后辈学人之师[M]//肖云慧.黄质夫乡村教育思想研究.贵阳:贵州民族出版社,2003:13.

黄质夫从乡村学校的组织架构、课程设置、师资建设、学生管理等方面构建了其教育管理观。

综上所述,黄质夫的乡村教育思想涉及面广、包容性强,已然构建成了一个系统化的整体,提出了全面、独特且深刻的见解。这些涉及乡村教育方方面面的观点和主张,犹如璀璨耀眼的珍珠,共同交织成壮丽的思想什锦,令人叹为观止。

### (二) 推动了乡村教育中国化的进程

近代中国的乡村教育,深受欧美、苏联、日式教育模式的影响,呈现出强烈的外国化教育色彩,面临着"全盘外国化"的严重危机。1926年,陶行知在《中国乡村教育之根本改造》一文中疾呼:"中国乡村教育走错了路!他教人离开乡下向城里跑,他教人吃饭不种稻,穿衣不种棉,做房子不造林;他教人羡慕奢华,看不起务农;他教人分利,不生利;他教农夫子弟变成书呆子……"①黄质夫指出,"中国提倡新式教育逾三十年,提倡乡村教育亦十多年,而其结果,辄与始愿相违"。乡村教育之所以没有达到理想效果,主要是因为不察国情,生搬硬套欧美的经验。"欧美教育产生于资本主义之社会;中国农民占全国人口百分之八十五,国家组织,实以农村为最小单元,其社会情形与欧美不仅相去太远,抑且根本不同,强而效之正如方枘之于圆凿,宜其格格不入。"②黄质夫十分反对盲目"仪型他国",他指出"有一班专门崇拜舶来品的人们,都喜欢搬出外国货来给中国人看,其不知各国的环境、文化及民族等,都各不相同,适于彼,

---

① 陶行知. 陶行知全集:第一卷[M]. 成都:四川教育出版社,2009:85.
② 黄质夫. 服务乡教八年之自省[M]//杨秀明,安永新. 黄质夫教育文选. 贵阳:贵州教育出版社,2001:57-58.

不尽适于此"①。

陶行知、黄质夫、晏阳初、黄炎培、梁漱溟等教育家纷纷意识到乡村教育外国化的问题与危机。作为乡村教育的先驱,黄质夫开启了艰辛的乡村教育中国化的探索之路。他在乡村教育具体实践中积极探索创新,大力推行乡村师范教育改革,如:强调乡村教育与农业教育相结合;组织乡村师范生实施劳动教育;开展"非常时期"乡村师范生的军事化特殊训练;积极进行"栖霞新村"建设的实验探索;推广乡村师范生的社会服务活动。同时,他在乡村教育的实践基础上,结合中国乡村的具体情况,提出"乡村师范,宜在乡村;边疆师范,宜在边疆"的独到见解。黄质夫对近代中国乡村教育的理论与实践有着深入研究,他在《乡村教育实施》一文中,专门就乡村教育的内涵、重要性、开展策略、实施态度等作了具体阐述。更为重要的是,他以栖霞乡村师范学校为中心,开展"栖霞新村"建设实验,发起成立中华乡村教育社,引领了全国乡村教育的实施与改进。毫不夸张地说,黄质夫乡村教育本土化的实践探索,极大地推动了乡村教育中国化的进程。

### (三) 奠定了乡村学校劳动教育的基石

无论是在江苏省界首乡村师范、南京栖霞乡村师范,还是国立贵州师范学校,黄质夫非常注重乡村师范生的劳动教育。他认为"劳动生产训练,并不是狭义的一种劳作生产学科的学习,而是整个教育的内涵,所以应该融合于全部教学课程里"②。乡村师范学校要施以最适当之科学教育、最严格之身心训练,并注重生活作业、农事操作、社会服务、教育实

---

① 黄质夫.中等学校劳动生产训练[M]//杨秀明,安永新.黄质夫教育文选.贵阳:贵州教育出版社,2001:152.
② 黄质夫.中等学校劳动生产训练[M]//王文岭,黄飞.黄质夫乡村教育文集.南京:东南大学出版社,2017:84.

习,以期养成道德健全、学术优良的优秀乡村师范生。在栖霞乡村师范学校,生产劳动作为必修课列入课程表,要求全校师生每日下午务必劳动工作八十分钟,并严格考核工作成绩,论以绩效①。在国立贵州师范学校,生产劳动被定名为"事业活动",各种生产劳动可分为:建校劳动、学校农场劳动、学校工场劳动、林场劳动、校务劳动、炊事劳动以及星期日劳动。生产劳动与教育并举的教育方式,有利于学生以能力为本位的综合素质的提高,学生在学习期间既长知识学技能,同时又创造劳动价值,做到既出人才又出产品②。

  黄质夫是中国近现代教育史上一位伟大的乡村教育改革的理论家和实干家。在乡村教育中国化的实践探索中,他不仅构建了系统的乡村教育思想,而且从乡村人才建设和乡村师范生培养的实际出发,著有《中等学校劳动生产训练》《国立贵州师范学校生产劳动训练》等文章,提出了独具特色的乡村学校劳动教育思想,包括劳动生产训练的含义与价值、目标与原则、内容与实施、管理与考查,而在同时代的陶行知与黄炎培等人的乡村教育主张中却未曾见到。此外,黄质夫乡村学校劳动教育思想具有强烈的原创性,填补了我国近现代学校劳动教育研究和实践的空白,为我国乡村学校劳动教育的开展奠定了基石。不难看出,劳动教育是黄质夫乡村教育理论研究与实践活动的鲜明特色,并使他的乡村学校劳动教育思想成为他乡村教育思想体系中的一颗明珠。

---

  ① 曲铁华.民国乡村教育研究[M].长沙:湖南教育出版社,2018:419.
  ② 袁双龙,夏金星.黄质夫乡村教育思想及其对农村职业教育的启示[J].职教论坛,2006(15):61-64.

## 第二节 黄质夫乡村教育思想的特色

### （一）黄质夫乡村教育思想的现实性

黄质夫不仅在乡村教育思想方面有颇多建树，而且躬行实践、身体力行，注重立足现实。二十世纪二三十年代，民族危机日渐严重，为了改造落后的乡村，实现一个理想的"新中华"，黄质夫怀抱"救百万村寨的穷，化万万农工的愚，争整个民族的脸"的理想，率先投身于乡村改造的教育实践中，为我国的乡村师范教育坚持奋斗了二十余年，先后创办和主持了江苏省立第五师范学校界首分校、浙江省立湘湖乡村师范学校、南京栖霞乡村师范学校和国立贵州师范学校，为乡村特别是边远落后民族地区培养出许多"献身教育，造福边疆"的人才，为开启民智、促进乡村社会事业的发展做出了杰出贡献。

首先，黄质夫十分注重乡村教育的调查研究。他作为一个出身农村而又长期工作在农村的农学家和教育家，对旧中国农村有着非常深入的了解。1928年，他在《中国乡村的现状和乡村师范生的责任》一文中，列举了旧中国乡村社会令人最感痛苦的现状：第一件是乡村人民生计困苦；第二件是乡村人民知识的浅陋；第三件是乡村风俗的颓惰；第四件是乡村人才的缺乏[①]。黄质夫针对旧中国乡村的现状，亲自为师范生制定了改造乡村社会的具体步骤与策略："第一步须使乡村人民，家给人足，富而后教，那就容易了。第二步是养成乡民具有适当的组织能力。其要

---

① 黄质夫.中国乡村的现状和乡村师范生的责任[M]//杨秀明,安永新.黄质夫教育文选.贵阳:贵州教育出版社,2001:3.

点在使乡民的知识增进,道德高尚,然后聚集此等民众组织新村,兴办一切事业。第三步是指导乡民组织与建设,使乡村社会事业,日有进展,实现理想的新中国乡村。……我们改造乡村惟一的工具,就是教育。"①

其次,黄质夫从乡村社会的具体实际出发,努力探求适合中国国情的乡村教育。他坚决反对传统的乡村教育,并反对盲目"仪型他国",提出师范教育必须契合于中国之乡村。1932年,他在《服务乡数八年之自省》一文中指出,"以往之乡村教育,实未尝契合于中国之乡村。乡村教育发源地之乡村师范,实有首先改革之必要"②。他提出"教育即生活,知识即道德,手脑须兼用,工学应合一"的教学主张,强调教育要与生产劳动相结合,努力使"做、学、教合一",并主张"乡村师范应当成为改良乡村的中心",培养"教师-导师-领袖"三位一体的新型乡村教育人才。在创办国立贵州师范学校时期,黄质夫在充分调研边疆地区民族教育的基础上,提出"边疆师范,宜在边疆"的主张,他把学校迁至少数民族聚居的榕江县,结合边疆地区少数民族教育的实际进行教育教学改革,并使招生政策向少数民族倾斜,切实有效地发展了边疆师范教育。

再次,黄质夫从中国的具体国情出发,提出师范教育要与抗战救国相结合。他认为教育要为民族的生存做出贡献,教育要为抗战救国服务,要为整个民族和人民大众的最高利益服务。他提出:"国难当头,教育兴邦,责任殊重。"③"教育为国家百年根本大计,影响抗战建国至深且

---

① 黄质夫.中国乡村的现状和乡村师范生的责任[M]//杨秀明,安永新.黄质夫教育文选.贵阳:贵州教育出版社,2001:4.
② 黄质夫.服务乡教八年之自省[M]//杨秀明,安永新.黄质夫教育文选.贵阳:贵州教育出版社,2001:58.
③ 黄质夫.致贵阳师范学校师生书[M]//杨秀明,安永新.黄质夫教育文选.贵阳:贵州教育出版社,2001:102.

巨,不容稍有忽视。"①黄质夫把抗战视为"非常时期",他认为一切教育设施都必须有利于抗战。他非常注重学生勿忘国耻、抗战救国的爱国主义教育,校园内外到处张贴抗日宣传画、标语、警句和对联,激励人心,同仇敌忾。黄质夫对学校实行军事化管理,注重加强师范生的特种技能训练,有防卫技术、救护技术、军事工程技术、战事救济技能、战事物品制造及运输技术、各项军事动作等方面的内容。目的在于平时训练与战时需要相结合,"一旦大难当前,不致手足无措"。他还希望全国其他的所有乡村师范学校,"即时增设军事训练,以完成非常时期教育之使命"②。

最后,黄质夫还从近代中国乡村社会的实际出发,提出乡村师范教育要与农业生产相结合。陶行知认为:"过去的乡村教育之所以没有实效,是因为教育与农业都是各干各的,不相闻问。教育没有农业便成为空洞的教育,分利的教育,消耗的教育。农业没有教育,就失去了促进的媒介。"③黄质夫办乡村师范教育最突出的一个特点,就是把乡村教育与发展农业生产紧密地结合在一起。他在《乡村师范对于农事改良上应负之责任》一文中说:"乡村师范负有改进农民生活之责,对于农民生活所寄托之农业,当然不容漠视。……乡村师范对于农事推广上应负之责任:一、组织农事调查团。二、组织农业宣讲团。三、筹设农业展览会。四、设立种苗交换所。五、刊印农业改良浅说。六、刊印农业改良图画。七、组织青年农业竞进团。八、设立农事讯问处。"④

黄质夫认为,乡村师范学校的课程设置,除了普通师范课程外,还要

---

① 黄质夫.实践的师范教育[M]//杨秀明,安永新.黄质夫教育文选.贵阳:贵州教育出版社,2001:108.
② 黄质夫.非常时期教育设施的一种探试[M]//王文岭,黄飞.黄质夫乡村教育文集.南京:东南大学出版社,2017:265.
③ 陶行知.陶行知全集:第一卷[M].长沙:湖南教育出版社,1984:654.
④ 黄质夫.乡村师范对于农事改良上应负之责任[M]//杨秀明,安永新.黄质夫教育文选.贵阳:贵州教育出版社,2001:33-34.

结合农村需要,开设"农村经济学""农业及实习"等农业专业课程,规定师范生要掌握的农业科学知识。他在《栖霞乡师课程概要·农业课程目标》中明确提出要"使学生明了农事上新知识及新方法之大要,有指导农民和教授小学生农事之能力;使学生他们躬自耕作,养成勤劳习惯与重视劳动之精神,培养实行民主主义之基础;使学生对于农村社会组织,有清晰之了解,及其改进之方针;使学生有欣赏自然景物之观念,以增进其村居之乐趣;使学生洞悉农业之重要与农民在国家经济上之地位"①。此外,他还在《中等学校劳动生产训练》一文中指出:"中国自古以来,便是农业国家,国计民生,向来是靠着农业的。可是中国的农业,一向是拘守着传统旧习,不求改良。讲到改良或运用新法,对于农民,不是惊骇,便是奇异!我们劳动生产的最大意义,最后的责任,还在改进农业社会,使它科学化、工业化、商业化起来。"②

### (二)黄质夫乡村教育思想的实践性

黄质夫从事乡村实践长达二十余年,其教育思想具有鲜明的实践性。中国工程院院士、教育部原副部长韦钰评价说,黄质夫不仅是一位乡村教育的理论家,更重要的是一位实干家。知行合一是教育家的实践品格,黄质夫既是对乡村教育有着深刻洞见的思想者,也是乡村教育实践过程中的行动者。

首先,黄质夫乡村教育思想来源于其二十余年的教育实践。教育思想是在一定历史时期的社会条件下,在教育实践基础上形成的对教育现

---

① 黄质夫.栖霞乡师课程概要[M]//杨秀明,安永新.黄质夫教育文选.贵阳:贵州教育出版社,2001:14.
② 黄质夫.中等学校劳动生产训练[M]//王文岭,黄飞.黄质夫乡村教育文集.南京:东南大学出版社,2017:97.

象与问题的认识和看法①。从乡村教育的目的来看,黄质夫非常注重乡村师范生的社会服务实践,"不仅希望他们做一个良好的乡村教师,还希望他们去做灌输农民知识,改进农民生活的导师,发展乡村社会事业的领袖。"②从乡村教育的内容来看,乡村师范学校的课程非常注重理论与实践相结合。既有师范生的专业理论课程,还有教育实习、农业生产、工艺劳动、社会推广等内容丰富的实践课程。从教育的方法来看,黄质夫提倡"手脑并用,做学教合一",使学生具有知行合一的精神。他希望乡村师范生"不仅是坐而言的人,还要是起而行的人"③,能够通过参加乡村社会实践活动,培养其改造乡村的实践知识和技能。

其次,黄质夫乡村教育思想能够指导教育实践。教育理论作为一种实践性理论,具有实践性诉求。从实践哲学的角度来看,科学的教育思想对现实与未来的教育现象进行了阐释,并指导着具体的教育实践。黄质夫的乡村教育思想,扎根在他二十多年教育实践的肥沃土壤之中,代表着一种对教育理念实践、教育目的实践、教育内容实践、教育方法实践、教育过程实践的积极寻求。科学的教育思想能够使乡村教育在实践中少走弯路;而错误的教育思想则会对乡村教育的发展产生误导,危害无穷。在黄质夫看来,"仪型他国"的乡村教育并不契合中国乡村社会的实际。他在乡村教育本土化的实践中积极探索科学的乡村教育理论,来指导近代中国乡村教育的实践改革,希望可以打破官僚化与全洋化合演——阶级独占之教育,改变"学优则仕"及"以读书为升官发财之终南捷径"等错误观念,打破传统病与模仿病合演——形式轮回之教育,革除与国民实际生活不相应之工艺教育之弊害,矫正学生浮夸游惰之恶习,从而使学生手脑并用、劳心与劳力合一,培养学生生产的、建造的知能,

---

① 朱永新.中国教育思想史[M].上海:上海交通大学出版社,2011:2.
②③ 黄质夫.中国乡村的现状和乡村师范生的责任[M]//王文岭,黄飞.黄质夫乡村教育文集.南京:东南大学出版社,2017:118.

使其养成劳动自立及知难行易之精神,增进学生身体之健康,使教育适应乡村社会之需要,并使教育能渐次社会化、科学化①。

最后,黄质夫乡村教育思想能够经受实践的检验。马克思主义哲学认为,实践性是一切科学理论的根本品质,因为所有的理论来源于实践并服务于实践,理论是否科学还需要接受实践的检验。黄质夫乡村教育思想直接来源于实践,具有突出的实践性特征,不仅回答了近代中国乡村教育实施过程中的一系列根本问题,而且在实践中经受检验并不断发展。黄质夫提倡理论指导实践,实践验证理论。在乡村教育实践过程中,他倡导工读并重、心手并用、知行合一,加强乡村师范生的劳动生产训练,鼓励师范生积极参与农民社会教育和乡村建设,要求乡村师范生具有"科学的头脑、健康的体魄、农夫的身手和服务社会的精神"。黄质夫创办和主持的四所乡村师范学校,为抗战救国培养了一大批"不怕苦、能实干,负责任、守纪律,懂礼义、知廉耻,不消极、不苟安,能工、能农、能商,能教学、能生产,能在后方保安,能上前线作战的新型乡村教师"②,为近代中国乡村教育的发展做出了杰出贡献。黄质夫乡村教育思想一直是他教育实践中所坚持的,其检验成果通过在江苏、贵州不同地区的实践得到证明,是值得肯定的③。

### (三)黄质夫乡村教育思想的创新性

黄质夫的一生,是试验的一生,改革的一生,创造的一生,坚持攀登的一生。他在乡村教育理论上有很多创新,可以说富于创新性是黄质夫

---

① 黄质夫.我们的主张与实施[M]//王文岭,黄飞.黄质夫乡村教育文集.南京:东南大学出版社,2017:241.

② 东南大学校友总会.中国乡村教育的先驱黄质夫[M]//肖云慧.黄质夫乡村教育思想研究.贵阳:贵州民族出版社,2003:16.

③ 杨金文,董敏.黄质夫乡村师范教育思想研究及当代价值[J].生活教育,2022(12):24-28.

乡村教育思想与实践的一大特色。伟大的人民教育家陶行知说过:"今日的教育家,必须要在下列两种要素当中得了一种,方才可以算为第一流的人物。一是敢探未发明的新理,即是创造精神,二是敢入未开化的边疆,即是开辟精神。创造时,目光要深;开辟时,目光要远。总起来说,创造开辟都要有胆量。"[1]黄质夫正是这样集"创造与开辟"于一身的第一流的教育家。

首先,在乡村教育理论上,黄质创造性地提出"教育乡村化,乡村教育化"。他认为"为努力尽乡师的责任起见,应当努力增进民众幸福,灌输知识,增加生产,努力沟通学校乡村"。教育乡村化,是实验乡村教育纵的策略。负责的实施者,要谋教育能彻底乡村化,亦须亲自到乡村里去,采取民众勤朴耐劳的精神,明了社会急切的需要,拿来做我们学养的标准,造就"具有科学的头脑,农夫的身手和创造的精神"的新型实用人才,达到教育乡村化。乡村教育化,是实验乡村教育横的策略。要想乡村能达到真正的教育化,负责的实施者,就得亲自到乡村里去,调查民众生活的苦况,考察生产减少的原因,然后设法施以相当教育,增加生产力量,使民众生活达到宽裕的地步。今后对于乡村要利用教育的力量,解放经济的压迫,以实现乡村教育化。用纵的策略,做我们现行的、假定的学养标准。用横的策略,做我们实验乡教的、改进乡教的材料。纵横相互影响,相互改进,以达到乡村教育真正的目的[2]。

其次,在乡村教育实践上,黄质夫开创性地展开"栖霞新村"建设。为了实现"乡村教育化"和"教育乡村化",使乡村师范所在区域的乡村成为"野无旷土,村无游民,人无不学,事无不举"的理想社会,早在1928年,黄质夫就本着尝试的精神,一边实验,一边改良,组织了"栖霞新村",

---

[1] 陶行知.第一流的教育家[M]//陶行知.中国教育改造.北京:东方出版社,1996:19.
[2] 黄质夫.栖霞乡师十七年度的扩充教育事业计划[M]//杨秀明,安永新.黄质夫教育文选.贵阳:贵州教育出版社,2001:27-28.

并取得了显著成效。毫无疑问,"栖霞新村"是二十世纪二三十年代中国乡村建设运动中一颗璀璨的明珠。某种程度上说,它与当时国内知名的一些"模范村""试验区"相比,丝毫不逊色①。

黄质夫乡村教育思想的核心,是建立综合的、开放的、现代化的"乡师新村"大乡村教育结构模式。而建立"新村"的构想及实践活动,则成为黄质夫最有价值的贡献②。此外,黄质夫提出"非常时期"教育设施的一种探试,同样也极富创新性。他认为乡村师范学校应该要对学生进行精神、体格、生产、特殊技能、社会活动等多方面的训练,以适应抗战时期的需要。黄质夫大胆进行乡村教育试验,在乡村教育本土化、乡村教育中国化的道路上勇于开拓,勤于实践,进行教育改革与探索创新,获得了丰富宝贵的理论研究和实践经验,这不能不说是对中国近现代乡村教育发展的一大贡献。

教育部原副部长韦钰对黄质夫作出了高度的评价:"黄质夫先生是近代最早提出乡村教育救国的人之一,他也是以一个学贯中西的农学家、教育家的身份,系统论述并用乡村师范教育切身经历讲话的第一人。"③"不仅是一位乡村教育的理论家,更重要的是一位实干家……是树乡村文化新风的先驱之一。"④纵观黄质夫兴办乡村教育的过程,探讨其乡村教育思想理论,可以发现黄质夫作为我国乡村教育的一代先驱,敢创前人未有的教育理论,敢做前人未做过的边远地区办学事业,为国家和社会培养出了大量合格的新型乡村师范人才,为我国乡村社会经济文化的发展做出了杰出的贡献。

---

①② 朱煜. 教育家黄质夫与民国时期"栖霞新村"建设[J]. 历史教学问题,2009(2):57-60.
③ 韦钰. 树乡村文化新风的后辈学人之师[M]//肖云慧. 黄质夫乡村教育思想研究. 贵阳:贵州民族出版社,2003:13.
④ 韦钰.《黄质夫教育文选》序[M]//杨秀明,安永新. 黄质夫教育文选. 贵阳:贵州教育出版社,2001:1-2.

# 第五章  黄质夫乡村教育思想的当代启示

黄质夫一生致力于乡村教育的改革与实践，在探寻乡村教育本土化、中国化的具体实践中，构建了一整套独具特色、全面系统的乡村教育思想体系。黄质夫乡村教育思想是我们宝贵的教育史资源，对于当今培养高素质的乡村教师、促进乡村教育高质量发展、助力乡村全面振兴、实现中国式现代化具有十分重要的借鉴价值和启示作用。

## 第一节  黄质夫乡村教育救国思想的启示

黄质夫是近代中国最早提出乡村教育救国的人之一，在长期的乡村教育实践中形成了教育救国思想。黄质夫"胸怀祖国、服务乡民、振兴中华"的乡村教育救国思想，对于新时代加强青少年爱国主义教育、培育和增进对中华民族和伟大祖国的情感，有着十分重要的现实意义和启示作用。

## （一）加强爱国主义教育，培养爱国之情

黄质夫从创办界首乡村师范学校到创办国立贵州师范学校，在这长达二十多年的乡村教育实践过程中，始终秉持"救百万村寨的穷，化万万农工的愚，争整个民族的脸"的理想，表现出坚定的爱国主义立场。抗日战争期间，黄质夫根据时局形势进行教育救国，其出发点是要激发师范生和乡村民众的爱国热情，并为挽救民族危亡培养抗战建国人才。在栖霞乡村师范学校，黄质夫将教育与抗战救国相结合，推行非常时期教育设施的探索实践，对师范生进行精神、体格、生产、特殊技能、社会活动等方面的训练，以此激发师范生和乡村民众的民族意识和爱国热情。

黄质夫乡村教育思想的核心内容就是教育救国[①]，爱国主义教育体现在他办学理念的方方面面中。在民族危机日渐严重的形势下，黄质夫从乡村教育改革入手寻求拯救国家的方案。他不是简单地为办乡村教育而办乡村教育，他选择的乡村教育之路是与其教育救国思想紧密相连的。他把乡村教育与中国农民的命运，与中国农村社会的改造紧密联系在一起，把乡村教育与抗战救国相结合，反映了他关于救国救民道路的一种抉择，表现了其难能可贵的民族危机感和爱国热情。

新时代大学生肩负着不同于当年的历史使命，承担着建设教育强国、实现民族复兴的时代责任。立德树人是新时代高校思想政治教育工作的根本要求，其核心是培养大学生的爱国主义精神。青年学生要把爱国主义情怀与理想信念、道德修养、专业学习、社会实践有机结合起来，把个人成长与国家前途命运联系起来，弘扬黄质夫躬耕乡教、教育救国的爱国主义精神，不断增强实现民族振兴的责任感和使命感，为中国式现代化建设做出自己的贡献。

---

① 马兵.论黄质夫的教育救国思想[J].扬州教育学院学报，2010(2):26-29.

## （二）加强乡土历史教育，砥砺强国之志

在抗日战争的烽火年代，黄质夫将学校迁址到少数民族聚居的贵州省榕江县，创办国立贵州师范学校。为了激发乡村师范生的抗战爱国热情，培养边疆建设基层人才，黄质夫十分注重学生的乡土历史教育。他要求地理课教师要讲解边疆地理及边疆问题，历史课教师要讲民族英雄史传和边地伟人史传。他还提出乡村师范学校必须要结合少数民族实际增设乡土课程，并专门组织人员编写榕江乡土教材，这些乡土教材展示了乡土内容、突出了地方特色，目的是使学生更加了解自己家乡的历史地理、名胜古迹、气候物产、乡贤人物、风俗文化，在"世界—国家—乡土"格局中寻找乡土的位置，借激发"爱乡土之心"增强"爱国之心"[①]。

乡土文化是民族文化的重要载体，乡土教育是传承民族文化的重要途径。一个人的爱国主义情感不是凭空产生的，而是从认识家乡、热爱家乡开始的。黄质夫普及推广乡村教育，开展"栖霞新村"建设实验，目的是提高农民的科学素养，实现乡村振兴、民富国强的理想。新时代高校要将乡土历史教育融入大学生爱国主义教育，积极构建课程思政协同育人体系，将课程教学与乡土文化、家国情怀有机融合，教育引导大学生既要立足家乡、建设家乡，又要胸怀全国、振兴中华。同时，高校要通过加强乡土历史教育，传承和弘扬中华优秀传统文化，培育大学生对家乡的热爱之情，增强其对家乡、民族、国家、文化的情感认同和政治认同，培养出既能为乡土奉献，又能为国家贡献的时代新人。

## （三）加强国防军事教育，实践报国之行

天下兴亡，匹夫有责。抗日战争爆发后，黄质夫十分注重乡村教育

---

① 姜萌.乡土意识与国家情怀：清末乡土史志书写的特点及其问题[J].史学月刊,2014(5):93-104.

与国防教育相结合。在栖霞乡村师范学校,黄质夫实行军事化管理,组织师生积极开展特殊技能军事训练,包括军事工程技术、战事救济技能、战事物品制造及运输技术、各项军事动作等项目。在国立贵州师范学校,为了培养学生抗战救亡的意识和本领,黄质夫开展国防教育,包括战争常识、防空演练、军事训练,学生们还走出校门,广泛宣传抗战必胜,以讲演、戏剧、歌曲、警语等多种形式深入民众,掀起了抗日高潮,激发了学生和民众的爱国之情[1]。黄质夫认为:"当此非常时期,有全国皆兵之趋势,乡师学生年龄既长,又无升学受训之机会,且离校即为人师,若无军训,又何领导民众?"他希望全国各地的乡村师范学校,都要增设军事训练,从而完成非常时期教育的使命,坚定民众的爱国之心[2]。

在中华民族强国强军、伟大复兴的时代背景下,加强大学生国防军事教育既是充实强国强军后备人才保障基地的现实要求,也是推动国家国防现代化的必然要求。新时代高校要将大学生军事教育与爱国主义教育相结合,创新思想政治教育与国防教育的实践育人路径,教育引领大学生树立起"铸军魂、护国防、爱军队"的国防意识,培养大学生的团队合作精神和集体主义意识,激发青年学生的爱国之情、报国之志,强化青年学生"品德高、尚荣誉、勤实践、能服从、会合作"的军事素养,全面提高新时代大学生的综合国防素质,为富国强军储备德才兼备、文武双全的人力资源后备军[3]。

---

[1] 甘乃伟.论黄质夫乡村教育思想[M]//肖云慧.黄质夫乡村教育思想研究.贵阳:贵州民族出版社,2003:127.

[2] 黄质夫.非常时期教育设施的一种试探[M]//杨秀明,安永新.黄质夫教育文选.贵阳:贵州教育出版社,2003:100-101.

[3] 袁金明,陈康.新时代高校国防教育的思考[J].教育理论与实践,2021(6):33-35.

## 第二节　黄质夫乡村师范教育思想的启示

黄质夫在探寻乡村师范教育本土化的具体实践中,提出了一整套独具特色、全面系统的乡村师范教育思想,对于我们当今深化教师教育改革、培养高素质的乡村教师和实现乡村振兴,具有相当重要的现实意义和启示作用。

### (一)弘扬教育家精神,加强乡村师范生师德教育

黄质夫十分重视乡村师范生的师德教育,尤其是许身乡教的宏愿。他提出乡村教师不仅要"品格高尚,堪做乡民的表率",还要"以乡村为乐园,以服务为职志"。他希望乡村师范生要有献身乡村教育的精神,"对于本身职业,有浓厚的兴趣,肯认定他的职业为终身职业"[①]。据江苏省档案馆馆藏校刊记载,黄质夫在给毕业生的赠言中谈道:"乡村师范生,应该在一个学校服务十年、几十年,终身从事乡村教育才好。例如我便情愿永远在这里服务,没得校长做便做教员,甚至做校工也情愿。我希望大家也有此心。"

习近平总书记指出:"人无精神则不立,国无精神则不强。唯有精神上站得住、站得稳,一个民族才能在历史洪流中屹立不倒、挺立潮头。"[②] 在第39个教师节前夕,习近平总书记写信给全国优秀教师代表,对教育家精神进行了精辟的提炼:"心有大我、至诚报国的理想信念;言为士则、行为世范的道德情操;启智润心、因材施教的育人智慧;勤学笃行、求是

---

① 黄质夫.中国乡村的现状和乡村师范生的责任[M]//杨秀明,安永新.黄质夫教育文选.贵阳:贵州教育出版社,2001:5.

② 习近平.论中国共产党历史[M].北京:中央文献出版社,2021:41.

创新的躬耕态度;乐教爱生、甘于奉献的仁爱之心;胸怀天下、以文化人的弘道追求。"

乡村教师的师德素养是乡村教师最重要的素养。作为培养未来教师的师范学校,应该高度重视师范生的师德养成教育,在教师教育课程中增加有关师德教育的内容,以陶行知、黄质夫等一流教育家为师德楷模,培养师范生热爱农村的乡土情怀和终身服务乡村教育的信念,努力造就一支素质优良、甘于奉献、扎根乡村的教师队伍①。作为新时代师范生,更要以教育家陶行知、黄质夫为榜样,大力弘扬教育家精神,践行黄质夫"至诚报国、甘于奉献"的教育家精神,牢固树立"躬耕教坛、强国有我"的志向和抱负,认真学习领会教育家精神的深刻内涵。加强党史学习教育、爱国主义主题教育,厚植师范生的爱党爱国情怀,积极参加暑期"三下乡"、社会志愿服务等实践活动,心系党的教育事业,培育优良品格,增强为人民服务的本领,在建设教育强国的征程中再立新功。

### (二)创新培养模式,注重乡村师范生劳动教育

黄质夫在创办乡村师范学校的过程中,特别强调师范生的劳动教育,他还专门著有《中等学校劳动生产训练》一文,就劳动教育提出了独到的见解。他认为"劳动生产训练,在学校教育中,不仅是肤浅的训练而已,且是真正的实践,在实践中训练"②。他提出"且耕且读,自给自足"的口号,还专门为师范生创作了《学生劳动歌》和《劳动建校歌》,鼓励师生们通过辛勤的劳动来建设学校,改善办学条件。乡村教师是乡村教育的核心和根本,乡村教师素质直接关系到乡村教育乃至整个乡村社会的

---

① 国务院办公厅印发《乡村教师支持计划(2015—2020年)》[J].人民教育,2015(12):24-25.
② 黄质夫.中等学校劳动生产训练[M]//王文岭,黄飞.黄质夫乡村教育文集.南京:东南大学出版社,2017:82

发展①。为了培养能够适应乡村社会的优良乡村教师，黄质夫对乡村师范的组织加以改革，将以往的总务、教务、训育三部改为工读指导部、生活指导部、研究实验部、推广部和总务部五部，注重师范生的生产劳动训练和乡村社会的推广事业，用教学做合一的生活教育法，全面提升师范生的综合素质。

劳动教育是构建全面教育体系不可或缺的一环，劳动可以树德、增智、强体、育美②。2018年9月，习近平总书记在全国教育大会上指出："要在学生中弘扬劳动精神，教育引导学生崇尚劳动、尊重劳动，懂得劳动最光荣、劳动最崇高、劳动最伟大、劳动最美丽的道理，长大后能够辛勤劳动、诚实劳动、创造性劳动。"③2020年3月，中共中央、国务院印发了《关于全面加强新时代大中小学劳动教育的意见》，强调劳动教育是中国特色社会主义教育制度的重要内容。作为培养未来教师的师范院校，需要不断创新乡村师范生的培养模式，深化教师教育课程与教学改革。强调师德为先，能力为重，注重师范生的创新精神和实践能力的培养，尤其重视师范生的劳动教育，通过开展丰富的劳动教育实践活动，全面提高师范生的劳动素养。同时，要充分发挥乡村中小学实践基地的功能和作用，形成区域范围内师范生本土化培养的协同育人机制与培养模式。此处，教育主管部门也要重视教师教育者队伍建设，加大对在职乡村教师的培训力度，着力建设乡村教师专业成长和发展平台，培养一批师德素质过硬、专业能力强的卓越乡村教师，进而推动乡村文化建设，助力乡村振兴。

---

① 史志乐. 乡村教师素质提高的政策审视与路径探析[J]. 教师教育研究, 2019(3):31-38.
② 刘向兵. 新时代高校劳动教育论纲[M]. 北京:社会科学文献出版社, 2019:3.
③ 习近平. 坚持中国特色社会主义教育发展道路 培养德智体美劳全面发展的社会主义建设者和接班人[N]. 人民日报, 2018-09-11(1).

### (三) 增强职业认同,提高乡村教师的社会地位

黄质夫大力提倡尊师重道,由黄质夫作词作曲的《尊师重道歌》,在师范生中广为传唱:"巍巍吾师,安贫乐道,授业解惑心情饶。暮暮朝朝,舌疲唇焦,严父慈母恩同天高。"①黄质夫认为:"我国古时,以'师'与'天地君亲'并重,贵州人民至今居室厅堂,犹悬挂'天地君亲师'之名位,朝晚馨香祷祝。……政府须移风易俗,提倡师道,使社会上恢复尊师重道之美德,以树教师之自尊心,重其责任,有所慰藉。"黄质夫十分关心教师的生活,极力呼吁提高乡村师范生和乡村教师待遇。虽然国立贵州师范学校创办时经费十分紧张,但他仍然想方设法兴建教职工宿舍,让教师能够安心从教。

当前,我国正实施乡村振兴战略,振兴乡村首先要振兴乡村教育,为建设社会主义美丽新农村,提供高素质的人力资源。而发展乡村教育,关键在于乡村教师,乡村教师是乡村教育的第一资源。因此,留住或吸引优秀教师到农村任教是当前亟待解决的问题。社会各界理应重视保障和维护乡村教师的合法权益,切实提高乡村教师的工资待遇和社会地位,增强乡村教师的职业吸引力和社会荣誉感,吸引有志于乡村教育的优秀人才投身乡村教育,培养一批"下得去、留得住、用得上、教得好"的乡村教师,而后用优秀的乡村教师去培养更优秀的学生。

## 第三节 黄质夫乡村社会教育思想的启示

黄质夫是中国近代著名的社会教育家,也是乡村建设运动的探索者

---

① 黄质夫.尊师重道歌[M]//王文岭,黄飞.黄质夫乡村教育文集.南京:东南大学出版社,2017:288.

和实践者。他在长期的乡村社会教育理论研究与实践活动中,提出了"教育乡村化、乡村教育化"的独到见解,形成了内涵丰富且颇具中国特色的乡村社会教育思想,对培育新型职业农民、全面推进乡村振兴和实现中国式农业农村现代化有着重要的借鉴价值。

### (一) 社会教育与农业发展合作,加快建设农业强国

黄质夫作为一个出身农村的教育家和农学家,非常重视乡村社会教育与农业发展的合作。1928年,他在《乡村师范对于农事改良上应负之责任》一文中指出,"乡村师范负有改进农民生活之责,对于农民生活所寄托之农业,当然不容漠视"。他认为乡村师范对于农事推广责任重大,具体可以通过组织农事调查团、组织农业宣讲团、筹设农业展览会、设立种苗交换所、刊印农业改良浅说、印送农业改良图画、组织青年农业竞进团、设立农事讯问处[①]等活动,指导农民应用科学的原理,帮助农民掌握先进的农业生产技术,增加农业生产的收效,从而改进农民的生活。

建设农业强国,是实现中国式现代化的基本要求。习近平总书记指出,要"不断提高我国农业综合效益和竞争力,实现由农业大国向农业强国的转变"[②]。教育具有显著的经济功能,通过总结、传承与发展生产经验、科学技术与经济管理知识,培养能够参与各种经济活动的劳动者和专门人才,使社会生产力和经济得到发展[③]。"为农"是乡村教育发展的基本价值取向,这里的"农"包括农民、农村、农业在内的整个乡村社

---

① 黄质夫.乡村师范对于农事改良上应负之责任[M]//王文岭,黄飞.黄质夫乡村教育文集.南京:东南大学出版社,2017:126-127.
② 中共中央党史和文献研究院.习近平关于"三农"工作论述摘编[M].北京:中央文献出版社,2019:97.
③ 王道俊,郭文安.教育学[M].北京:人民教育出版社,2016:56.

会①。因此,乡村社会教育要注重与农业经济发展的合作,尤其是要根据农村经济以及农业生产的情况和特点,结合农民农业生产的实际需求,开设农业技术装备应用、生态农业种养殖技术、农产品加工、农产品质量安全、农产品数字化管理、农产品电子商务营销等实用性强的课程,不断推进农业科技创新,提高农业生产劳动效率,加快农业强国和农业农村现代化建设。

### (二) 社会教育与职业教育合力,培育新型职业农民

黄质夫十分关注农民综合素质的提升,特别是农民职业技能的培养培训。他在《中国乡村的现状和乡村师范生的责任》一文中分析说,"中国乡村的现状实在令人痛心,乡村人民生计的困苦、乡村风俗的颓惰,其根本原因是乡村人民知识的浅陋。农民各种常识的缺乏,加上迷信心很深,因此农民就做了时代进化上的落伍者"②。黄质夫进一步指出,乡村教育家所负有的使命有两方面:一方面是教育儿童,以期建设将来的新中国;另一方面是指导农民,以期挽救现时的中国。他认为,乡村师范学校要加强师范生的社会教育实习,并结合乡村社会实际需要举办各种形式的社会教育,特别是开设乡村职业补习学校,通过大力推广农民职业教育,对农民进行职业指导,并注重职业技术训练,以培养科学化之农民。

实现乡村全面振兴,必须解决好"三农"问题,农民是"三农"问题的核心。习近平总书记在海南考察时指出:"推动乡村全面振兴,关键靠人。"中共中央办公厅、国务院办公厅印发《关于推动现代职业教育高质

---

① 李森,汪建华.我国乡村教育发展的历史脉络与现代启示[J].西南大学学报(社会科学版),2017(1):61-69.

② 黄质夫.中国乡村的现状和乡村师范生的责任[M]//王文岭,黄飞.黄质夫乡村教育文集.南京:东南大学出版社,2017:116-118.

量发展的意见》提出,"支持办好面向农村的职业教育,强化校地合作、育训结合,加快培养乡村振兴人才,鼓励更多农民、返乡农民工接受职业教育"。新型职业农民是乡村人才振兴的主力军,"有文化、懂技术、善经营、会管理"是国家对新型职业农民的总体要求。培育新型职业农民,职业教育和成人教育具有义不容辞的责任[①]。乡村职业教育要与乡村社会教育打成一片,将学校教育资源与社会教育资源优化整合,充分发挥职业教育和社会教育的合力,积极构建与产业需求相适应、与农村发展相协调的农民职业教育培养培训体系,源源不断地为乡村振兴培养有爱农情怀、兴农本领的高素质农民。

### (三) 社会教育与乡村建设合流,推动乡村全面振兴

黄质夫从事乡村教育的目的,不仅指向乡村教师的培养,而且指向理想乡村的建设,他主张以教育的力量去改造乡村。他希望乡村师范生毕业后,不仅是一个良好的乡村教师,还是灌输农民知识、改进农民生活的导师,发展乡村社会事业的领袖。他认为改良农村以学校为起点,乡村师范是乡村文化的中心[②]。乡村教育要谋学校、家庭、社会的沟通,学校教育应与社会打成一片,乡村义务教育要与乡村青年教育、乡村成人教育打成一片。黄质夫提出"教育乡村化、乡村教育化"的实施策略,并明确了作为目标的乡村教育化与作为手段的教育乡村化的两个维度及其辩证关系。为此,他以栖霞乡师为中心,开展"栖霞新村"建设实验,使社会教育与乡村建设合流,以此来普及农村教育、增长农民知识、培养农民道德、改善农民生活、改良农村组织,从而实现"野无旷土、村无游民、

---

① 马建富,黄晓赟.新型职业农民职业教育培训社会支持体系的建构[J].职教论坛,2017(16):19-25.
② 黄质夫.我们的主张与实施[M]//王文岭,黄飞.黄质夫乡村教育文集.南京:东南大学出版社,2017:254.

人无不学、事无不举"的理想新村的建设。

乡村振兴战略实施的关键在人才,根本在教育。乡村社会教育要与乡村建设相结合,共同促进乡村产业、人才、文化、生态、组织的全面振兴。具体表现在以下几个方面:一是将乡村社会教育体系与乡村绿色产业结构深度融合,助力乡村振兴产教融合,实现"乡村产业振兴";二是实施高素质农民培育计划,增加乡村振兴人才供给,实现"乡村人才振兴";三是将中华优秀传统文化融入乡村文化发展,厚植乡村振兴文化自信,实现"乡村文化振兴";四是加强农民生态环境宣传教育,促进乡村振兴生态建设,实现"乡村生态振兴";五是以乡村社区党群组织为依托,构建村民"自治＋法治＋德治"的社会教育治理体系,提升乡村振兴治理效能,实现"乡村组织振兴"。总之,乡村社会教育要充分发挥教育的社会功能,不断促进乡村建设,最终实现农业强、农村美、农民富的社会主义现代化强国目标[①]。

## 第四节　黄质夫乡村学校教育管理思想的启示

黄质夫是我国近代伟大的教育家、思想家,他立足中国国情和乡村学校管理实际,在创办和管理乡村师范学校的教育实践中,形成了系统科学的乡村学校管理思想。深入研究黄质夫乡村学校教育管理思想,对提高学校管理水平、促进新时代学校管理工作高质量发展有着重要的现实意义。

---

① 邬志辉,徐萌.全面推进乡村教育振兴的中国路径[J].教育与经济,2023(6):3-10.

## （一）创新理念，提高校长专业素养

黄质夫一生创办和主持了多所学校并担任校长，深刻认识到校长对于学校发展的重要性。因此，他提出"由一流的人做校长，聘任一流的人当老师，创一流的乡村教育，培养出一流的乡村教师和献身国家民族的栋梁之材"。[①] 著名教育家陶行知曾说，"一流的教育家要敢探未发明的新理，敢入未开化的边疆"。作为校长的黄质夫是两者兼备，极具创新意识和开拓精神，他勇于探索，大胆试验，积极推动乡村师范学校改革，组织师范生进行劳动生产训练，以栖霞乡村为中心开展"栖霞新村"建设，深入开展关于乡村教育本土化的实践探索和理论研究，将乡村师范学校办得有声有色，得到了教育界同人的一致好评。

校长是一个学校的灵魂，其管理理念对一个学校的管理效能和科学发展起着十分重要的作用。因此，校长需要在学校管理工作中树立科学正确的管理理念，注重提升自身的专业管理化水平，对学校的发展进行科学合理的规划，结合学校发展的实际情况，创新学校管理的思路和措施。要坚持公平公正、廉洁任职的原则，在工作中以身作则，做全校师生的榜样。同时，要进一步提升科学决策的能力，充分发挥教师的主导作用。新时代背景下的校长要践行教育家精神，勇于创新，开拓进取，不断提高自身的管理素养，办好人民满意的教育，努力培养担当民族复兴大任的时代新人，为建设社会主义教育强国持续贡献力量。

## （二）榜样引领，重视教师队伍建设

黄质夫在乡村师范办学实践中，十分重视教师队伍的建设。他对于

---

[①] 杨蕴希.黄质夫乡村教育思想及其在贵州民族地区的乡村教育活动[J].教育文化论坛，2012(2)：23-26.

选聘教师要求甚严,不仅要看其能否胜任教学,还要看其人品是否堪为"社会之楷模"①。为此,他提出了第一流教师的具体标准:"有许身乡教宏愿,改造乡村决心;厉行俭朴,重视劳作,为学生倡;遵守学校纪律,努力为学生表率;努力进修,力求深造;师生共同生活,不自居于例外;精选教材,恳切指导,务使学生学有所用;有劳而不怨、诲人不倦精神;爱惜公物,共体时艰;见利思义,见危授命;示学生以楷模;爱学生如子弟,视校如家庭,认乡教为终身事业"②。黄质夫非常注重提高乡村教师的待遇,无论是在栖霞乡村师范,还是在国立贵州师范,他都想方设法从本就不多的办学经费中,兴建教职工宿舍,让教师能够安心从教。

教师是学校教育管理的主要参与者,要办成优秀的学校,必须要有一个质量优秀、志同道合的教师团队。黄质夫曾经说过:"创办一流的学校,必须要聘任一流的人当老师,来培养一流的乡村师范生。"师爱为魂,新时代的教师在教育管理中要热爱并关心自己的学生,用爱心滋养学生,注重师生的协作。教师要在学习、思想、身体、实践各方面严格要求自己,将自身作为学生的榜样,处处以身作则;在生活实践中与学生同甘共苦,带头学习知识与技能,锻炼身体,注重健康,热爱劳动并积极参加实践;在教育管理中充分发挥教师的引领作用,促进学生德智体美劳全面发展。

### (三)以人为本,注重学生自我管理

黄质夫在学校管理工作中秉持"以人为本"的理念,倡导师生要情感融洽,精诚团结。教师要给予学生充分的信任,尊重学生的个体差异和个性化需求。同时,他还强调学生在管理中的主体地位,要注重学生的

---

① 徐兴昶,黄大卫.栖霞新村:黄质夫先生的教育实践[J].江苏教育,2016(50):74-75.
② 黄质夫.服务乡教八年之自省[M]//王文岭,黄飞.黄质夫乡村教育文集.南京:东南大学出版社,2017:230-231.

自我管理,促成学生身心健康成长和全面发展。黄质夫认为,乡村师范生要通过自学、自治、自立、自决来发展自我,养成群治的能力。具体而言,一年级开始有规律的生活,一切整齐严肃,秩序井然,养成刻苦耐劳的习惯,深明大义,一切能"勉而行之";二年级注重自治习惯,积极的感化与指导要进一步,消极的干涉与制裁要退一步,能"安而行之";三年级扩大自治范围到群体自治,意志坚定,有相当操守,一切优良习惯已养成,并能"乐而行之";四年级具有自治之充分能力、群治之相当能力,信心确立,操守坚强,具有牺牲、奋斗、百折不挠的精神,有为人师表的气度和涵养①。

学生管理是培养优秀人才的关键环节,对于学校教育管理工作的顺利开展具有重要意义。学校领导应坚持"以人为本"的理念,营造良好的校园文化环境,彰显学生管理的人文关怀,始终以学生为教育工作的出发点和落脚点,注重因材施教和个性化教育,激发学生自我学习、自我教育和自我管理的能动性,培养学生对自己言行负责的态度,提升学生的自我意识,帮助学生树立正确的世界观、人生观、价值观。同时,积极引导学生独立思考、主动学习、努力进步,加强学生职业生涯规划与指导教育,不断丰富实践育人的内容与形式,促进学生自我管理体系的建构与完善,全面促进学生管理工作的现代化、科学化、精准化与生活化,更好地践行立德树人的根本任务。

## 第五节 黄质夫乡村学校劳动教育思想的启示

黄质夫乡村学校劳动教育思想博采众长,自成一体,经过长期乡村

---

① 黄质夫.我们的主张与实施[M]//王文岭,黄飞.黄质夫乡村教育文集.南京:东南大学出版社,2017:245.

师范教育实践的检验,表现出强大的生命力和广泛的应用性,对新时代高校落实立德树人根本任务、加快构建全面发展的教育体系、全面提升大学生劳动素质具有重要的借鉴价值。

## (一)为高校落实立德树人根本任务提供了重要参考

立德树人是中国特色社会主义教育的价值取向。劳动教育是高校落实立德树人根本任务、培养合格的社会主义接班人和建设者的重要途径。习近平总书记指出:"要在学生中弘扬劳动精神,教育引导学生崇尚劳动、尊重劳动,懂得劳动最光荣、劳动最崇高、劳动最伟大、劳动最美丽的道理,长大后能够辛勤劳动,诚实劳动、创造性劳动。"[①]习近平总书记关于劳动教育的重要论述为新时代高校立德树人提供了根本遵循,对青年学生树立正确的劳动价值观,弘扬勤俭、奋斗、创新、奉献的劳动精神具有重要的价值指引意义。

教育救国这一特殊的时代背景,决定了黄质夫劳动教育思想具有特殊的历史使命。在多年的乡村师范教育实践中,黄质夫高度重视师范生正确的劳动价值观、积极的劳动精神和良好的劳动品格的培养。一方面,他通过阐释劳动生产训练的核心要义,帮助学生明了生产劳动与人生的关系,了解双手万能、知难行易的道理,养成崇尚劳动、职业平等的正确态度和敬业乐群、服务社会的积极精神。另一方面,他通过强化劳动生产训练,以"纪律军队化、生活劳苦化、思想笃实化"为劳动教育目标,厚植学生教育救国的爱国主义情怀。黄质夫劳动教育思想对大学生涵养高尚的劳动品德、培养积极的劳动精神、自觉践行社会主义核心价值观具有启迪作用,为新时代高校落实立德树人根本任务提供了重要参考。

---

① 习近平.坚持中国特色社会主义教育发展道路 培养德智体美劳全面发展的社会主义建设者和接班人[N].人民日报,2018-09-11(1).

## (二)为构建全面发展教育体系提供了先行探索

实现人的全面发展是马克思主义劳动教育观的重要内容。马克思认为,劳动教育的本质是培养人和塑造人,"它不仅是提高社会生产的一种方法,而且是造就全面发展的人的唯一方法"[①]。习近平总书记强调,要将劳动教育纳入人才培养全过程,实现与德、智、体、美诸育的相互融通,努力构建德智体美劳全面培养的教育体系。习近平总书记关于"德智体美劳全面发展"的重要论述,不仅是对马克思"人的全面发展"理论的创新,而且为新时代推进"五育并举"的教育制度提供了根本遵循,对加快构建社会主义全面发展教育体系具有重要的现实指导作用。

黄质夫从事乡村师范劳动教育二十余年,不仅对劳动生产训练有着深刻的理解,而且关注到劳动教育对于促进人的全面发展的重要性。他认为劳动生产训练有其不可磨灭的贡献,有利于培养学生敬业的美德、科学的头脑、健康的体魄、审美的情操、劳动的身手。他还十分重视劳动教育与体育、智育、德育、美育的高度融合与相互促进,他关于劳动生产训练的具有道德、智力、艺术、身体等多方面价值的教育理念,与新时代"以劳树德、以劳增智、以劳强体、以劳育美"的思想有着异曲同工之处,充分体现了其劳动教育思想的前瞻性和预见性。黄质夫劳动教育思想为新时代扭转劳动教育边缘化地位、促进德智体美劳五育并举、构建全面发展教育体系提供了先行探索。

## (三)为提高时代新人的劳动素质提供了方法借鉴

习近平总书记指出,"当今世界,综合国力的竞争归根到底是人才的

---

① 习近平.在全国劳动模范和先进工作者表彰大会上的讲话[N].人民日报,2020-11-25(1).

竞争、劳动者素质的竞争"[①],"要扎根中国大地办教育,努力培养担当民族复兴大任的时代新人"[②]。中国特色社会主义经济呈现出新形态、新业态的发展趋势,对新时代的劳动者素质提出了更高的要求。劳动教育是中国特色社会主义教育制度的重要内容,直接决定社会主义建设者和接班人的劳动精神面貌、劳动价值取向和劳动技能水平[③]。习近平总书记关于时代新人劳动素质的重要论述,为新时代加强劳动教育、全面提升劳动者素质提供了科学的行为指南。

黄质夫高度重视师范生的劳动生产训练,他认为"劳动生产训练,在学校教育中,不仅是肤浅的训练而已,且是真正的实践,在实践中训练"[④],"劳动生产训练,须融化于各科教程里,在学习某种课程时,就要将某科课程中与劳动生产有关系的部分,付诸实施,并图收效"[⑤]。黄质夫主张学校教育社会化、学校内容生活化,充分挖掘各学科的劳动教育资源并加以整合利用,重视劳动促进"完整的人"的价值功能,在增长学生劳动知识和提高学生劳动技能的同时,注重培养学生劳动建校、教育救国的正确价值观,激发学生敬业乐群、服务社会的劳动精神。其主张和实践为新时代科学实施劳动教育、全面提高时代新人劳动素质提供了方法借鉴。

综上所述,劳动教育是黄质夫乡村师范教育的重要抓手,贯穿其乡

---

① 习近平.在全国劳动模范和先进工作者表彰大会上的讲话[N].人民日报,2020-11-25(1).

② 习近平.思政课是落实立德树人根本任务的关键课程[J].内蒙古宣传思想文化工作,2020(10):4-11.

③ 中共中央 国务院.关于全面加强新时代大中小学劳动教育的意见[N].人民日报,2020-03-27(1).

④ 黄质夫.中等学校劳动生产训练[M].王文岭,黄飞.黄质夫乡村教育文集.南京:东南大学出版社,2017:82.

⑤ 黄质夫.中等学校劳动生产训练[M].王文岭,黄飞.黄质夫乡村教育文集.南京:东南大学出版社,2017:88.

村师范教育思想始终。黄质夫秉持以劳育人、教育救国的教育理念,对中西方优秀教育理论加以吸收借鉴,在乡村师范教育本土化的实践探索中,逐渐形成了独具特色的乡村学校劳动教育思想。该思想内涵丰富、体系完整,表现出强大的生命力和广泛的应用性,对于新时代高校深入开展劳动教育、落实全面发展教育理念、提高大学生劳动素质,具有重要的思想启迪作用和借鉴价值。

# 参考文献

## 一、专著类

[1] 王文岭,黄飞.黄质夫乡村教育文集[M].南京:东南大学出版社,2017.

[2] 杨秀明,安永新.黄质夫教育文选[M].贵阳:贵州教育出版社,2001.

[3] 肖云慧.黄质夫乡村教育思想研究[M].贵阳:贵州民族出版社,2003.

[4] 江苏省政协文史资料委员会,仪征市政协文史资料委员会.乡村教育先驱黄质夫[Z].南京:江苏文史资料编辑部,1992.

[5] 南京市栖霞区地方志办公室.师之范:黄质夫在南京栖霞[M].北京:中国文史出版社,2012.

[6] 陶行知.中国教育改造[M].北京:东方出版社,1996.

[7] 董宝良.陶行知教育论著选[M].北京:人民教育出版社,1991.

[8] 陶行知.陶行知全集:第一卷[M].长沙:湖南教育出版社,1984.

[9] 方明. 陶行知教育名篇[M]. 北京:教育科学出版社,2005.

[10] 陈乃林,周新国. 江苏教育史[M]. 南京:江苏人民出版社,2007.

[11] 古楳. 乡村师范概要[M]. 上海:商务印书馆,1936.

[12] 马勇. 梁漱溟教育思想研究[M]. 沈阳:辽宁教育出版社,1994.

[13] 费孝通. 乡土中国[M]. 上海:上海人民出版社,2007.

[14] 余家菊. 乡村教育通论[M]. 上海:中华书局,1934.

[15] 孙培青,李国钧. 中国教育思想史[M]. 上海:华东师范大学出版社,1995.

[16] 熊明安. 中华民国教育史[M]. 重庆:重庆出版社,1997.

[17] 沈元瀚. 简明中国近代农业经济史[M]. 成都:西南财经大学出版社,1987.

[18] 彭明. 中国现代史资料选辑:第四册[M]. 北京:中国人民大学出版社,1989.

[19] 陈青之. 中国教育史[M]. 北京:中国社会科学出版社,2009.

[20] 郑大华. 民国乡村建设运动[M]. 北京:社会科学文献出版社,2000.

[21] 何静梧,等. 贵州社会文明的先导:贵州历代著名教师[M]. 贵阳:贵州教育出版社,2000.

[22] 杨懋春. 一个中国村庄:山东台头[M]. 张雄,沈炜,秦美珠,译. 南京:江苏人民出版社,2001.

[23] 崔运武. 中国师范教育史[M]. 太原:山西教育出版社,2006.

[24] 祝彦."救活农村":民国乡村建设运动回眸[M]. 福州:福建人民出版社,2009.

[25] 徐秀丽,王先明. 中国近代乡村的危机与重建:革命、改良及其

他[M].北京:社会科学文献出版社,2013.

[26] 栗洪武.西学东渐与中国近代教育思潮[M].北京:高等教育出版社,2002.

[27] 曲铁华.民国乡村教育研究[M].长沙:湖南教育出版社,2018.

[28] 朱永新.中国教育思想史[M].上海:上海交通大学出版社,2011.

[29] 习近平.论中国共产党历史[M].北京:中央文献出版社,2021.

[30] 中共中央党史和文献研究院.习近平关于"三农"工作论述摘编[M].北京:中央文献出版社,2019.

[31] 刘向兵.新时代高校劳动教育论纲[M].北京:社会科学文献出版社,2019.

[32] 王道俊,郭文安.教育学[M].北京:人民教育出版社,2016.

## 二、期刊论文类

[1] 周静,潘洪建.黄质夫与陶行知的乡村师范教育思想、实践之比较研究[J].档案与建设,2023(6):99-102.

[2] 马兵,朱煜,邓峰.乡村教育家黄质夫劳动教育思想及其当代价值[J].内蒙古师范大学学报(教育科学版),2022(5):44-49.

[3] 杨金文,董敏.黄质夫乡村师范教育思想研究及当代价值[J].生活教育,2022(12):24-28.

[4] 王尤清.抗战期间黄质夫在贵州少数民族地区的乡村教育实践论析[J].南京晓庄学院学报,2019(3):1-7,123.

[5] 马兵.黄质夫乡村师范教育思想及其当代启示[J].生活教育,

2020(7):10-14.

[6] 李锦超.黄质夫乡村教育思想的当代价值:读《黄质夫乡村教育文集》[J].生活教育,2018(9):17-20.

[7] 王文岭.庙产兴学:黄质夫与寂然法师的十年争讼[J].档案与建设,2018(3):51-54.

[8] 田正平.中国乡村教育宝贵的思想财富[J].生活教育,2017(10):9-10.

[9] 王文岭.黄质夫对中国乡村教育的贡献[J].生活教育,2017(10):12-16.

[10] 王运来.黄质夫的乡村师范教育思想体系[J].生活教育,2017(10):10-11.

[11] 朱煜.教育家黄质夫与民国时期"栖霞新村"建设[J].历史教学问题,2009(2):57-60,21.

[12] 杨蕴希,孙晓黎.黄质夫在贵州民族地区的乡村教育活动及其现实意义[J].贵州民族学院学报(哲学社会科学版),2009(2):79-83.

[13] 沈晓.教育家黄质夫的乡村师范与民国"栖霞新村"[J].兰台世界,2014(22):73-74.

[14] 袁双龙,夏金星.黄质夫乡村教育思想及其对农村职业教育的启示[J].职教论坛,2006(15):61-64.

[15] 温大勇.陶行知与黄质夫乡村教育思想比较研究[J].当代教育论坛(校长教育研究),2008(1):116-118.

[16] 徐兴昶,黄大卫.乡村教育家黄质夫在南京栖霞[J].钟山风雨,2015(5):35-38.

[17] 苗会敏.探析黄质夫的乡村师范师资培养思想[J].文学教育(上),2017(10):92-93.

[18] 周婷婷,陈滔娜.黄质夫乡村教育思想探微[J].教育文化论

坛,2017(4):85-88.

[19] 曹心宝.浅析国立贵州师范学校的民族教育特色[J].贵州民族研究,2015(10):231-234.

[20] 徐兴昶,黄大卫."栖霞新村":黄质夫先生的乡村教育实践[J].江苏教育,2016(50):74-75.

[21] 朱煜,徐立刚,徐兴昶.乡村教育家黄质夫与南京"栖霞新村"建设[J].档案与建设,2016(6):51-55.

[22] 方容.在南京栖霞乡师的日子:纪念黄质夫先生诞辰120周年[J].档案与建设,2016(3):68-69.

[23] 张智峰,黄大卫.黄质夫先生二三事[J].生活教育,2015(13):20-21.

[24] 鲁娜娜,马俊锋.黄质夫乡村师范体育思想管窥[J].黑河学刊,2015(11):51-52.

[25] 张智峰,黄大庆.从历史史料中回望黄质夫[J].钟山风雨,2014(3):38-40.

[26] 梁茂林.读《师之范——黄质夫在南京栖霞》[J].档案与建设,2014(2):67-68.

[27] 鲁娜娜,马俊锋.身体教育与民国乡村建设的联姻:论黄质夫的乡村体育思想[J].当代体育科技,2015(24):160-161.

[28] 张智峰.民国时期栖霞乡师的三种校刊[J].生活教育,2013(10):32-34.

[29] 王文岭.十年来乡村教育先驱黄质夫研究述评[J].南京晓庄学院学报,2011(4):1-5.

[30] 张智峰.教育家黄质夫史料辑存[J].档案与建设,2010(9):51-52.

[31] 张智峰.教育家黄质夫史料辑存补充[J].档案与建设,2011

(3):51-53.

[32] 杨蕴希.黄质夫乡村教育思想及其在贵州民族地区的乡村教育活动[J].教育文化论坛,2012(2):23-26.

[33] 王炳毅.寂然法师和黄质夫从结怨到殊途同归[J].钟山风雨,2010(4):44-47.

[34] 张智峰.中华乡村教育社诞生始末[J].生活教育,2010(7):45-46.

[35] 马兵.论黄质夫的教育救国思想[J].扬州教育学院学报,2010(2):26-29.

[36] 梁茂林.由乡村教育家黄质夫引出的思考[J].生活教育,2010(2):50-54.

[37] 蒋超群,唐玲.陶行知先生的同行者:黄质夫乡村教育思想之研究[J].南京晓庄学院学报,2010(1):5-9,121.

[38] 安永新,梁茂林.黄质夫的教育实践与教育思想[C]//中国地方教育史志研究会,《教育史研究》编辑部.纪念《教育史研究》创刊二十周年论文集(2):中国教育思想史与人物研究.北京:《教育史研究》创刊二十周年暨中国教育史研究六十年学术研讨会,2009:1636-1641.

[39] 谭佛佑.黄质夫:陶行知教育思想的伟大实践家[J].生活教育,2006(6):57-59.

[40] 方容.在南京栖霞乡村师范学校的日子[J].钟山风雨,2007(1):27-29.

[41] 王炳毅.乡村教育家黄质夫的传奇人生[J].档案与建设,2006(11):36-38,49.

[42] 周天胜.致力于乡村师范教育的先驱:黄质夫[J].贵阳文史,2006(5):40-41.

[43] 刘兢兢.黄质夫与乡村师范教育[J].档案与建设,2004(6):

40-41.

[44]龙正荣.乡村师范教育先驱:黄质夫[J].文史天地,2003(11):15-16.

[45]乔明华.对黄质夫乡村教育思想的思考[J].贵州教育,2003(8):12-14.

[46]梁茂林.黄质夫:一个被尘封的乡村教育家[J].贵州教育,2002(7):45-47.

[47]梁茂林.出版是"寻找"的过程:以寻找乡村教育家黄质夫先生为例[J].编辑学刊,2004(5):52-55.

[48]梅宗乔.贵州少数民族教育的开拓者:乡村教育先驱黄质夫先生[J].黔西南民族师专学报,2001(1):40-41.

[49]江君谟.纪念乡村教育先驱黄质夫先生[J].江苏政协,1996(3):36.

[50]龙光沛.抗战时期国立贵州师范办学特点[J].贵州文史丛刊,1989(2):135-140.

[51]姜萌.乡土意识与国家情怀:清末乡土史志书写的特点及其问题[J].史学月刊,2014(5):93-104.

[52]袁金明,陈康.新时代高校国防教育的思考[J].教育理论与实践,2021(6):33-35.

[53]邬志辉,徐萌.全面推进乡村教育振兴的中国路径[J].教育与经济,2023(6):3-10.

[54]习近平.思政课是落实立德树人根本任务的关键课程[J].内蒙古宣传思想文化工作,2020(10):4-11.

[55]李森,汪建华.我国乡村教育发展的历史脉络与现代启示[J].西南大学学报(社会科学版),2017(1):61-69,190.

[56]马建富,黄晓赟.新型职业农民职业教育培训社会支持体系的

建构[J].职教论坛,2017(16):19-25.

[57] 史志乐.乡村教师素质提高的政策审视与路径探析[J].教师教育研究,2019(3):31-38.

[58] 国务院办公厅印发《乡村教师支持计划(2015—2020年)》[J].人民教育,2015(12):24-25.

[59] 赵晓林."乡村教育运动"主体性价值观及其现实意义[J].教育研究,2006(3):92-96.

[60] 曲铁华.民国时期乡村教育的基本特征论析[J].四川师范大学学报(社会科学版),2019(3):81-89.

## 三、学位论文类

[1] 苏刚.民国时期乡村师范教育制度变迁研究[D].长春:东北师范大学,2015.

[2] 曹彦杰.师范为何下乡:民国时期乡村师范教育的兴起[D].上海:华东师范大学,2018.

[3] 马洪正.中国近代社会教育理论发展史研究(1902—1949)[D].南京:南京师范大学,2019.

[4] 胡燕.黄质夫乡村师范教育思想研究[D].贵阳:贵州师范大学,2021.

[5] 武霞.黄质夫乡村教育实践中的德育思想研究[D].太原:山西师范大学,2022.

[6] 周容容.二十世纪二三十年代乡村教育运动研究[D].昆明:云南大学,2018.

# 附 录

## 乡村实施教育[①]

**《乡村实施教育》目录大纲**

一、为什么要讨论乡村教育

二、乡村教育的认识

三、要以教育的力量去改造乡村

四、实施的方法

  甲、怎样实施农村幼稚教育

  乙、怎样推行农村儿童教育——农村小学教育

  丙、怎样推行农村青年教育

  丁、怎样推行农村成人教育——民众教育

五、实施农村教育的态度

---

[①] 本文与夏承枫著的《政治教育》合并于1930年由江苏省区长训练所编辑发行,题名为《教育》,列为"江苏省区长训练所政治丛书"第22分册。

## 一、为什么要讨论乡村教育

教育是人类改进生活的工具,促进社会进展的原动力。教育的方针:

(一)应该使全国的民众都能受到相当的教育,避去那畸形的发展和教育机会不均等的现象。

(二)应该铲除不切实用的教育,使受教育者均变为有用的人。

(三)有用的人才须要适合中国的国情。

看一看中国过去的教育是怎样呢?论发展是畸形的、偏枯的;论形式是粉饰的、摹仿的;论精神是因袭的、敷衍的;论立场是唯心的、违背时代精神的;论效果是不切实用的、隔离现实社会的。受过这种教育的人,有些还能够独善其身,不失为一个谦谦君子,其余大多数的就目空一切,鄙视劳动,肩不能担,手不能提,饱食终日,无所用心,变为一个无业的高等游民,甚或横行乡里,把持村政,鱼肉乡民,使道路侧目。唉!中国办了若干年新教育,结果如此伤心。

可是这点装潢门面、毫无实用的教育,受惠的仍仅限于少数的城市居民,至于乡村民众连这点儿光都沾不到。他们一直到现在依旧是不识不知,过那浑浑噩噩太古时代的生活;他们因为智识浅陋,在过去的历史上,看起来确实吃了不少的亏;他们对于军阀的暴敛,土匪的蹂躏,土豪劣绅的宰割,除去忍泣吞声、含辛茹苦、自怨自艾外,何尝有一毫的正义的表示和有理的反抗啊!加之他们保守的心极重,他们经营农业纯凭着他们的经验,父而子,子而孙,累世相传,不敢稍事改变,对于一切任何的学理、新方法,都极端加以排斥。经验固然可贵,不过经验是既往的事迹,纯凭着经验去做,做得好也不过和从前人一样,断不会有什么新的发明、新的进步出来。更加上农民迷信的心很深,对于各种灾害完全委诸天命,从没有想到用人力去防治的,其他各种应用的常识也非常缺乏,因此农民竟做了时代进化上的落伍者。

中国是以农立国的国家,据一般人的估计,全国农民户口占全国人民总数百分之八十五以上,算是世界上农民最多数的国家,所以中国的中坚的人民不是工人、商人,是那胼手胝足的农民。这班做中坚人物的农民倘若没有知识,中国的前途堪设想吗?所以我们今后要想对外谋民族的生存竞争,对内谋社会的改革进展,那能不赶紧去提倡乡村教育和实施乡村教育呢?

记得几年前,有一位美国麻省农科大学校长白德斐博士来华调查教育[①],他说了几句话很值得我们注意。他说:"中国欲有真正的共和,希望须先有生计宽裕、智慧开发的乡村农民。中国以后五十年教育,应注重乡村教育,中国乡村社会才有改良的希望。"乡村教育在现时的特殊情况下确是特殊的重要,所以有人说:要建设新中国,须先建设新农村;建设新农村,非先从乡村教育入手不可。

乡村教育既然如是的重要,我们须得认清了目标,才不致走入歧路。第一,要使农民认识现时的需要和过去的背景是甚么,以发扬他们民族的精神;第二,要使农民认识自身和党国和乡里的关系,感觉互助共荣的需要,以启导他们的民权应用;第三,要使农民获得各种智识技能,向农业上去应用,以解决他们的民生问题。

## 二、乡村教育的认识

年来乡村教育的呼声一天高似一天,这是好现象。但是,社会一般的人对于乡村教育的解说还弄不清楚,普通人所谓乡村教育,专就设施的学校教育而言,尤其偏重乡村小学教育,这种教育可以说是狭义的乡

---

① 白德斐于1921年冬来华调查农业教育,著有英文《改进中国农业与农业教育意见书》,由傅焕光译为汉文,刊发于《江苏实业月志》1922年第37期。

村教育。我所谓乡村教育和一般不同,大凡住在乡村的人民,不论其为何种阶级,无论其为男女老幼,悉数授以相当的教育,使他们智识开发,品性改善,谋生有道,而且具有一种向上发展的才能,所以可说是广义的乡村教育,或者可以说是提高乡村文化一种普遍的活动。这种教育场所、教育对象以及教育方法,与仅仅限于特殊范围者自然不同,现在把它逐条略述如下:

(一)教育的场所

理想的乡村教育,他的场所决不仅限于一校一地之内,或某种特殊的区域,换句话说,就是把整个农村统当作教育的场所看待。所以,推行新教育的人们,对于这乡村教育施教的场所,范围极广,种类也多。例如,我们要给被教育者得着相当的指导,那举凡山边、水涯、田头、林间,无在不可以做探讨事物的天然场所,无在不做领受活的智识的优良源泉,只要我们善为支配,善为利用,总可得到不少的利益。

(二)教育的对象

教育的场所既然那样的扩张,当然教育的对象决不止限于年龄相当的乡村儿童,凡是居住村内的人民,都作为被教育者看待。不过各地方的人各有他的特质,我们施行乡村教育要明瞭的,就是乡村儿童的特质和乡村成人的性质,然后才可做我们施行教育的参考。

(三)教学的时间

场所及对象既然如许扩张,自然教学的时间也和普通不同,又不仅限于昼间,夜间也是利用的;又不仅限于特定的几个月,全年都在教育中。

(四)指导者

乡村的指导者,不仅限于几个小学校教职员,各地方之宗教家、政治家、经济家、慈善家都负有指导的职责,他们都应该本着先知觉后知、先觉觉后觉的精神,做那已立立人、已达达人的事业,这样做去收效才可以宏大。

（五）乡村教育的范围

我们既承认乡村教育是提高乡村文化一种普遍的活动,所以他的活动范围当然是全体的、普遍的。现在先把我们所要研究事项逐一的写在下面：

1. 乡村幼稚教育,如农村幼稚园、农忙托儿所、疾病托儿所；

2. 乡村儿童教育,如乡村小学校；

3. 乡村青年教育,如乡村职业补习学校、乡村青年会、乡村处女会等；

4. 乡村成人教育,如乡村通俗讲演会、老人会、户主会、主妇会、平民教育等；

5. 乡村自治问题与教育；

6. 乡村经济问题与教育；

7. 乡村娱乐问题与教育；

8. 乡村宗教问题与教育；

9. 乡村社会问题与教育。

### 三、要以教育的力量去改造乡村

乡村教育家所负的使命有两方面：一方面是教育儿童,一方面是指导农民。一则建设将来的新中国,一则挽救现时的中国。现在的乡村社会,倘若我们仔细的去看一看,静心的去想一想,他的弱点随处都可以发现,我们究竟用什么方法,凭什么力量去改造他,才能使这久经衰退的乡村,有复兴的希望？我敢武断的说一句,没有旁的方法,惟有教育,而教育是否有效果,全凭着教育者的热心毅力和知识修养的程度。倘若他对于乡村有真正的认识,有爱乡村的热忱,有改造乡村的决心,尽力去指导农民,组织农民,训练农民,使整个的农村向上发展进步,不难使理想的乡村——"野无旷土,村无游民,人无不学,事无不举"——实现。分析起来说:

(一) 野无旷土就是:

1. 全村没有不种庄稼的土地;

2. 全村没有不长树木的山陵;

3. 全村有适宜的排水灌溉的沟渠和河道;

4. 利用科学的方法改良农业,使农产的收入增加;

5. 利用不可垦种的田地从事蚕桑、畜牧、养鱼等事。

(二) 村无游民就是:

1. 全村男女老幼都有相当的职业;

2. 提倡及时的合理的享乐,使人人有康健的体格,没有人因病废业;

3. 利用农闲从事各种农产制造;

4. 农民全体明瞭劳动的价值而乐于劳动;

5. 戒绝烟酒赌博,铲除土劣贪污。

(三) 人无不学就是:

1. 人人读书识字,而且有用书的能力;

2. 全村民众有征服天然环境的知识和能力;

3. 全村民众有爱护乡村及发展农村的观念;

4. 全村民众对于国家社会有明确的认识;

5. 养成村民团体习惯、互助道德并参加各种社会活动的热忱;

6. 人人有高尚娱乐的修养和善用闲暇的习惯。

(四) 事无不举就是:

1. 全村有四通八达的道路和水道;

2. 有改良乡村卫生娱乐和发展乡村经济的组织；

3. 有各种防灾的设备和适当的慈善事业；

4. 有优美的花草树木；

5. 有丰衣足食的原料和储藏的仓库。

怎样使这样理想的乡村实现？最好是：第一，以乡村学校为改造社会的中心；第二，以学生和先知先觉的农友为改造乡村社会的同志；第三，就乡村实际的生活逐渐的加以改良。我现在把栖霞乡村师范对于乡村改造和教育实施的情况，约略的介绍一下，似乎比较上说话有根据些（详见《栖霞新村》半月刊十二期）。

（一）关于农友知识的

1. 民众夜校　现分为日间的、夜间的两组。日间的约在下午三时至五时，专便于本村的女子；夜间的在晚间六时至八时，专便于本村的男子。程度至为不齐，现采用单级教学的方法。

2. 村民识字处　这是专为本村的村民因为有职务或别种关系，不能按钟点来校上课而设的，他以一家一店一机关做单位，每天派人到他的家里、店里或是机关里去教他识字。还有识字运动，每晚在玻璃灯上写字去教他们，希望全村的人都能识字。

3. 村民问字处　凡村民有不认识的字，可以到本处来询问，以辅助民众夜校、村民识字处的不逮。

4. 村民代笔　村民有不会写的，或是不会做的东西，可以拿来代写或是代做。

5. 购置新闻杂志和有益村民的书籍　该科原有村民图书馆，所有书籍不免嫌深，此处多设各种通俗的书报，任村民随意浏览。

6. 举行各种谈话会　如乡村调查、道德促进、党义宣传、风俗改良、产业发展、娱乐提倡、土木改进等，随时和村民举行各种谈话会，以期便于收效。

7. 农产物品的陈列和研究　陈列各种农产物品,如稻、小麦、杂粮(粟、高粱、玉米等)、豆类(黄豆、赤豆、绿豆等)、棉花、蔬菜、蚕桑、畜牧之类,并时常和农民研究种子、栽种、收获等方法,藉为农业改良的帮助。

(二) 关于农友道德的

1. 孝敬　保持农民应具的道德。

2. 勤俭朴素　农民勤苦耐劳,常依赖自然的生产品来支持,日常生活不需人工制造品的帮助,并且农民的身体强健,不需美味的食物;业务易于污秽,不需美丽的衣服。农民应当保持勤俭朴素的美德。

3. 戒绝不正当嗜好　农民往往以吃烟、赌博来做业余娱乐的消遣品,甚至因此倾家荡产,不务正业,以致流为匪类,故竭力提倡戒烟和戒赌。

4. 亲爱(不侮人)　农民和自然接触的时间多,和人类交际的机会少,所以思想感情的表现都极恶劣,往往为人有粗野的举动,所以对农民提倡互相亲爱,不侮人。

5. 守时间　中国人向缺乏时间的观念,农民更甚,往往约在午前,忽到午后,此皆不守时所致,故设法矫正此弊。

6. 不当路小便　农民随地小便,既不雅观,又碍卫生,各村应建小便所,养成不当路小便之习惯。

7. 废止虚礼　农民有许多虚伪的礼节,如婚嫁丧葬以及平日应酬,应提倡俭朴,废止虚礼。

8. 清洁等　卫生首重清洁,农民终日在郊外工作,容易污秽,于卫生上殊有妨碍,所以关于农民的衣食住行,均当提倡清洁。

(三) 关于农友身体的

1. 国技　我国最近各地提倡国术,不遗余力,乡村间如石担、石锁之类,均为我国固有的武技,须竭力提倡,藉以保存。

2. 竞走  竞走也是农民的一种技能,如能利用起来,可以引起农民赛跑和练习耐久力的兴趣。

3. 游泳  游泳是乡村间良好的运动,提倡不独有裨益农民身体,并且可以做救护的帮助。

4. 竞舟  近水乡的农民,船是必备之物,竞舟比赛很是一件有兴趣的事,利用自然的环境来做运动的工作。

5. 登山  栖霞山山路崎岖,登山竞走是天然的一种良好的运动。

6. 牧牛  乡村人家没有一家不畜牛的,牧牛是农民必具的技能,利用他做一件运动工具,实在是惠而不费。

7. 各种比赛等  如拔草比赛、种植比赛、挑粪比赛、凿柴比赛、运石比赛、牧牛比赛等,藉以锻炼农民的身体。

(四)关于农友娱乐的

1. 餐会  每年在一定的时期,集合农民组织一个聚餐会,藉此联络感情,交换意见,并指导那农民饮食的改革,藉以减少什么土地会、斗吃会之类。

2. 象棋  农民智识较高的人,莫不喜欢着棋,象棋实在可以锻炼人的脑力,所以象棋是娱乐的一种。

3. 音乐  音乐感化人的气质,农民类多粗野,倘能使常听音乐,必定能改变农民的性情不少。

4. 赛会  农民对于迎神赛会的心理异常热烈,宜利用此机会,一变而为各种物品的赛会。

5. 讲书  在业余的时候讲述各种书籍、故事,藉以增长农民的知识,善讲书的人,动作活现,声色容易动人,我国乡村中这种娱乐也时常举行的,很有效果。

6. 唱词  唱词是乡村中一种很好的娱乐,农民们赛会,或者村祭,或者农闲的时候,往往雇来一位唱词先生,在公众地方,或自己家中,举行一二天的行乐,我们利用这方法来唱词,假使善于唱词的人,感化力很大。

7. 钓鱼　钓鱼也是一种极好的消遣品,乡村各河流中蓄鱼最多,闲暇的时候大家去钓鱼,也是很快乐的事体。

8. 演剧等　通俗演剧感人最深,所以我们提倡乡村演剧,使农民能潜移默化。

（五）关于乡村群众的

1. 共同合作　如森林经营、果树栽培、育蚕养鸡、养蜂畜牧、垦荒事业,均可和农民共同合作。

2. 实行储蓄　小则提倡农民个人的储蓄,以养成勤俭的美德,大则建设公共的义仓之类。

3. 改良社交　如访问的改良、接待的改良、赠送的改良之类。

4. 经营合作社　经营合作社有两种事业:一种是低利借与社员产业上必要的资本;一种是办理社员储蓄的事务。那好处在减农民受债主的压迫,又可养成社员的储蓄心,再可使乡村金融活动,不致集中都市。

5. 改良农事等　农事改良,如指导农民应用科学的原理,经营农业,利用优良的农具,使收效迅速,以及熟练技术、预防虫害之类。

（六）关于乡村社会的

1. 民众周报　每周出民众周报一次,选录重要的新闻张贴照壁,以供众览。

2. 村政指导　指导乡村厉行自治,凡乡村应兴应革之事件,都尽量指导。

3. 乡村保卫　乡村的保安较城市为难,因城市集中而乡村散漫,若仅赖少数的警察,能力鲜薄,难于胜任。农民宜联合组织保卫团,藉以自卫。现在我国盗匪遍地,警备一事更不容缓。

4. 组织消防队　乡村发生火患,往往蔓延很广,消防器具势所必备，宜使农民练习，偶遇不测，即可救熄。

5. 沟渎道路扫除　沟渎道路的扫除，关于公共卫生至巨，宜使农民常常的扫除，免得污秽容易做病菌的媒介。

6. 蚊蝇驱除和防疫运动　乡村疫病流行较城市中为剧，蚊是疟疾的媒介，蝇是伤寒霍乱痢疾的媒介，所以乡村中要常常做防疫运动和扑灭蚊蝇。

7. 村中公墓　提倡村中实行公墓，免致将有用的田地都做葬地。

8. 破除迷信　烧香念佛，迎神赛会，乡村中数见不鲜，亟宜设法改革，破除迷信。

9. 交换种子　欲求农事的改良，当先注意于种植的种子，乡村缺乏良好种子的来源，所以特设交换所，如麦种、稻种、豆种、棉种、菜种、树苗、蚕种之类，皆可来所交换。

10. 代办农具　农具日新月异，层出不穷，农民即便知道新式农具的好处，苦于无处购买，不免有望洋兴叹之苦，本社特设所代办，以期乡村中农具改良。

11. 中心茶园　乡村的街市上必有茶馆多处，每日农民都聚集在茶馆里，高谈阔论，以为乐事。但是，茶馆内往往做赌博的场所，殊属有关风化，当设有中心茶园，陈设通俗书报，俾农民暇余来园吃茶，兼可得到普通的常识。

12. 劝禁烟赌　鸦片赌博的害人，有如毒蛇猛兽，乡村中最容易犯这弊病，应竭力劝禁。

13. 改良风俗　乡村有乡村的风俗，往往不可以理喻，应当切实的改良，凡婚嫁丧葬等风俗，合理者保留，不合者去之。

14. 举行通俗讲演　乡村通俗讲演会是乡村成人教育最重要的集合，可以提高农民的道德，可以增加农民的知识，可以使民众运动彻底。那讲演的总纲，不外三种：A. 使一般农民能理解自己本身的地位和职业的价值;B. 使一般农民能理解怎样可以经营合理的农民的生活;C. 使一般农民能理解本国的国情和世界的大势。

15. 农忙托儿所　农忙的时候,乡村的儿童无所寄托,本社拟和幼稚园联络,在乡村农忙的时候,每天在一定的时间把儿童送到学校里来代为保育,因为和幼稚园联络,保育时间可以活动,而活动的地方也不必拘泥在园内,幼儿玩具和园里的用具可以借用,不致发生困难。

16. 疾病托儿所　疾病托儿所的要件:一要较远农家,二要空气新鲜。内里的设备,约分以下的数种:A. 看护的人须有相当的经验和无限的同情心,看护须周到;B. 必要的药品须一一购备;C. 饮食新鲜,须简单;D. 寝室的采光通风务须注意,清洁更不待言;E. 家境丰裕的人,当然自己纳费,设家境贫寒人,可以酌量减少或全免。

## 四、实施的方法

我在第二讲上面,不是已把那农村实施教育的几个大纲说明过吗?现在为求实施时完美起见,特为把实施的方法说一说。不过我们在实施之前,要了解两条原则:

(一)乡村教育化　是实施农村教育横的策略。要想农村能达到真正的教育化,那负责的实施者,就得要亲自到农村里去,调查民众生活的苦况,考察生产减少的原因,然后设法施以相当教育,增厚生产力量,使民众生活达到宽裕的地步。

(二)教育乡村化　是实施农村教育纵的策略。负责的实施者,要谋教育能彻底乡村化,亦须亲自到农村里去,采取民众勤朴耐劳的精神,明瞭社会急切的需要,拿来做我们设施的标准,使我们的目的达到,一般乡村都成功有教育意味的新建设。

明瞭这两点,那"无聊的铺张""因袭的陋病",以及"都市化的""原始化的"种种过犹不及的弊病,或可减少些,或可完全消灭,成就一种"合于原理""合于时代"的实施根据。现在分几点叙述在下面：

**甲、怎样实施农村幼稚教育**

1. 农村幼稚教育的重要

（1）完成幼儿时代的生活价值；

（2）解决农村家庭教养的缺憾；

（3）建设健全生活的优良根基；

（4）救济农村家庭农忙的牵绊。

2. 农村幼儿教育的种类

我国农村的幼儿教育的设置，确有迫不及待的情势，不过农村的环境，自然和都市不同，我们先找出几种，供我们做设施的依据：

（1）关于永久设立的，如：

① 农村幼稚园　这种幼稚园是收容满三至六岁的未入学的幼儿，施以合理的养护，使他们身心上得到合理的发展。

② 农忙托儿所　每一农村在播种收获的时候，家庭父母们往往一天到晚在田间操劳，没有余暇养护子女，因此子女们身心上发生许多不健全的现象。这种农忙托儿所，每逢农忙时节即行开办，在欧美各国早已施行，专收容那些无人监护的幼儿，施以合理的教养。

③ 疾病托儿所　这种组织是救济农村的疾病儿童，加以短时间或长时间的调理，使他们的身心得到恢复健康的境界为止。关于这件事，也是因为我国乡村人家不知医药方法，设有疾病，往往求神拜佛，更因有时为农事牵绊，那子女生了病，往往怕误及农事，就不加医治，任其呻吟叫嚷死伤夭亡的。有了这种组织，可以解决乡村幼儿的疾病问题，同时也可把我国的人口问题上的困难，救济一下子。

（2）关于临时举行的，如：

① 母姊谈话会　这是借村中集会之期，或学校集合时举行的，在这一个集会中，最切要的是谈话。谈话的事项要切实，如家庭教育法、幼儿

生活指导法,谈话的态度要诚恳,最好先就你所认识的人谈起,然后再行渐及于群众。

② 家庭访问团　这是由村中幼稚教育里派出的——或小学校代办的——由这几个指导员,带了许多问题,或是文字,或是画片,到各个农村人家做流动的访问,在访问时要注意的要巧为供给相当幼儿指导法,能得村中有知识的妇女做团员,那更能解决许多困难了。

③ 婴儿比赛会　这件事是轻而易举,在一时的公共集会时节中可以举行的。

3. 农村幼稚教育的设施

谈到设施的实际,我们可以分述于下:

(1) 农村幼稚园设施标准

① 园址三间是特别建造的,或是附在小学校内的。

② 桌椅是合于经久耐用的原则,合于幼儿身材的高低的原则,或特制,或用各个家庭中携带来的。

③ 用具最少要有贮藏柜、清洁台、墙壁黑板清洁用具、艺术用具、游戏用具、音乐用具。

④ 课程是要用生活做中心的,从游戏中得到相当知能的,从大自然中认识一切事物的。

⑤ 保姆最少要有二人(能有夫妻二人担任尤为便利)。

(2) 农忙托儿所设施标准

① 所址是特建的,或是附设在幼稚园中的;

② 用具可以向幼稚园借用;

③ 课程用生活中心取材料,多行室外学习法;

④ 保姆人数以幼儿数目为标准(大概每廿幼儿须觅一保姆指导生活)。

(3) 疾病托儿所设施标准

① 所址要特别建造,要在离开村庄空气清鲜之地;

② 看护要具有高深保育经验的;

③ 助手要至少有二人;

④ 药品须事前购备完全;

⑤ 饮食须新鲜,须简单;

⑥ 寝室须注意采光通风;

⑦ 费用富厚的自行缴纳,贫穷的酌量减收。

4. 农村幼儿教育的人才经济

(1) 关于人才方面的

① 由各乡村师范开办农村幼稚教育科,招收初中毕业的男女学生,研究幼稚教育设施问题,二年毕业;

② 由各女子师范中特设二年幼稚保姆科,招收小学毕业的女学生,研究幼稚保姆问题,二年毕业;

③ 由各县教育局创办短期保姆护习会,讲习幼稚教育、医药常识,招收小学毕业的女子,一年毕业;

④ 由各乡村实施教育的人们,除请一女教师外,再觅本村中清洁的老妪,帮助处理保育事宜。

(2) 关于经济的筹划

① 教育费的一部分,必须要占有全村教育经费的三分之一;

② 慈善捐款;

③ 县补助费。

**乙、怎样推行农村儿童教育——农村小学教育**

1. 农村小学教育的目标

(1) 学理上的主张

① 要儿童生活做教育的中心——生活即教育;

② 要社会生活做教育的目的——社会即学校。

(2) 国情上的顾照

① 根据三民主义的；

② 按照儿童心理的；

③ 培养基本常识的；

④ 适应社会生活的。

(3) 实施上的目标

① 要革命化——注意心性的感化；

② 要民众化——注意团体的陶冶；

③ 要生活化——注意体魄的操练；

④ 要科学化——注意正谊的竞进；

⑤ 要社会化——注意协作的精神。

2. 农村小学的设施方针

我以为，"欲贯彻'三民主义教育'的本旨，增加教育向上发展的效率，那不可不考察乡村社会的状况，乡村儿童身心的常态，据以图谋教育上适应于现时的设施，及将来的预计，期于能开发乡村无穷的宝藏，得到教养乡村儿童的真谛，俾可成党国政策中'改良乡村组织，增进农人生活'一句话的期望"。本着这种大纲去实行，固是我们所要领略的，但实施的方针我们也要订一订。那么，本着大纲，参照现况，顾及将来，不难得到合法的建设，改进的成功。因此特就我短少时间研究，写出一种关于乡村小学设施的方针在下面：

(1) 努力做一个新时代的乡村小学；

(2) 努力做一个环境健全的感化院；

(3) 努力做一个自然美化的园艺场；

(4) 努力做一个功效显著的农艺园；

(5) 努力建设寄宿舍，使儿童精神物质均有规律；

(6) 努力建设工作场,使儿童生利事业有所准备;

(7) 努力做到有早晚操之固定训练;

(8) 努力做到一切教学都由于观察的过程;

(9) 努力做到有多行野外生活或田间指导的作业;

(10) 努力做到有多行自由课业,养成儿童创造才能;

(11) 努力做到教学是侧重多方发表兴味的倾向;

(12) 努力做到教学是以实际经验为根据之教材;

(13) 努力做到考查儿童是侧重自由发表的;

(14) 努力做到补充材料是注意临时资料的;

(15) 努力做到有团体法治的真精神;

(16) 努力做到有公共制裁的服从心;

(17) 努力教儿童明瞭服务的原则是根据互助的原则施行;

(18) 努力教儿童知道惩罚的执行是依照罪过的直接关系;

(19) 努力做到儿童有独创的才能;

(20) 努力做到师生有协作的精神;

(21) 努力造成有关美化的环境,使儿童生活于纯艺术的境界中;

(22) 努力造成有政治设施,使儿童生活于小共和的组织中;

(23) 努力使科目支配匀称,使儿童有学习习惯;

(24) 努力使教材排列适宜,使儿童前后有联合;

(25) 努力注意儿童的进步,是用自身比较法;

(26) 努力注意儿童的行为,是用故事感化法;

(27) 努力推行最经济的民众教育事业;

(28) 努力引用新旧方法的试验和改进;

(29) 努力利用暇时去做联络家庭的方法;

(30) 努力设法沟通家庭学校社会为一。

3. 乡村小学的编制

（1）单级制

① 四年单级制——合一二三四年级在一个教室中教学的；

② 六年单级制——合一二三四五六年级在一个教室中教学的；

③ 分团单级制——不问是四个年级或是六个年级，因为教学的关系，依照能力分团教学，不以年级为标准的。

（2）复式制——合两个学级以上组成的，如一二合级，三四合级，一二三合级，二三四合级，一三四合级，四五六合级。

（3）单式制——乡村儿童不多，采用这种办法，在优点上说，能顾及天才儿与低能儿；在劣点上，那经费不宽，人数太少，往往不能成班教学，殊觉寡味。

（4）二部制——分全日二部制，半日二部制。

① 半日制——用在山村、渔村人口较少的地方，可用一教员兼教两个学校；

② 间日制季节制——是今日在此甲地授课，明日到乙地授课，经费减少，儿童亦得照常工作农事；如若是季节制，那夏秋农忙停止，春冬农隙时施以教学。

（5）联合学校——这是合并在一地方的几个不完备的小学，并成一个大规模小学，美国乡村中日渐发达，我们国里未尝不可采用，但因道路不修，交通梗塞，若是强欲为之，徒有削足适履之讥，所以我们只要知道，将来总可实现的。

4. 乡村小学的课程

（1）从前新学制课程上的所订的标准，初级小学是国语、算术、常识、体育、音乐、艺术等科，现在教育部中小学课程起草委员会也没有公布。

（2）经过我们长时间的讨论，觉得乡村小学的课程：

① 要科目宜简单,不宜繁杂;

② 要切合乡村社会的环境;

③ 要顾及实际方面的推行便利;

④ 要适应乡村儿童的需要;

⑤ 要顾及普通的应用。

(3) 本此目标,我们特为把乡村小学的课程,研究到一个小结束,现在写在下面:

农村小学课程的各科大纲

一、农事操作——本科包括农业园艺

1. 目的

(1) 灌输儿童农业上正确必要的常识

(2) 教育儿童知道本乡农产物的栽培、饲养和用途

(3) 引起儿童尊重农业的观念和居住乡村的乐趣

(4) 练习耐苦耐劳的本领

2. 选材标准

(1) 须适合于本地方的需要

(2) 须儿童容易了解

(3) 须不违背时令

(4) 须与实习事项相联络

二、自然研究——本科包括自然

1. 目的

(1) 给儿童明瞭自然现象和人生的关系

(2) 给儿童知道各种事物的成因

(3) 给儿童有观察和研究的兴趣

(4) 给儿童有利用自然的才能

2. 选材标准

(1) 要切于环境的

(2) 要易于领会的

(3) 要与人生有重大价值的

(4) 要能各科有联络需要的

三、语言文字——本科包括读文、语言、作文、写字四种事项

1. 目的

(1) 养成儿童学习普通语言文字的习惯和能力

(2) 发展儿童的思考和思想

(3) 陶冶儿童感情和德性

(4) 具有用适当语言或文字来发表自己思想的技能

(5) 熟练日常文字的正确、整齐和敏捷的功夫

2. 选材标准

(1) 打破牢记的诵习材料，采取生动的文字

(2) 培养儿童欣赏文学能力的

(3) 乡村社会常需应用的

(4) 发表与自己生活有关事项的记载

(5) 日常应用文字的使用

四、公民活动——本科包括社会、公民、党义三种事项

1. 目的

(1) 使儿童明瞭在现时代的个人准备

(2) 使儿童了解社会的现象与人生之关系

(3) 使儿童有观察实际社会的兴趣和参加活动的力量

(4) 使儿童有尽力社会的志愿，养成远大的眼光

2. 选材标准

(1) 养成现时代人民的良好习惯

（2）与以人生和社会一切事项的密切关系

（3）了解人生对于各种事业有改革的思想和创作的才能

（4）活的社会里的实际参加的事项

五、计算技能——本科包括笔算、珠算二种事项

1. 目的

（1）能在日常作业内或游戏中获得数量方面之经验

（2）能解决自己生活状况内的问题，并能自己去找求问题之解决

（3）能具有计算正确的能力，并且有敏快和精细的思考力

2. 选材标准

（1）日常生活内有关系的问题

（2）游戏作业中所发现的问题

（3）适于儿童心理的各种数量问题的材料

（4）适于生活常轨的各种事物计算材料

（5）实际参加社会活动中的计算常识

六、音乐陶冶

1. 目的

（1）陶冶优美康乐的人生

（2）调济枯涩乡村的生活

（3）明瞭普通浅近的乐理

2. 选材标准

（1）不取淫靡之音做材料

（2）采取革命性的

（3）描写自然景物的

（4）有关身心娱乐的

七、体育卫生——本科包括体育、卫生二种事项

1. 目的

（1）养成体格健全、姿势优美及活泼之精神，高尚之情感

（2）有爱好运动的习惯

（3）明瞭民族生存的要素

（4）有协同互助的精神

2. 选材标准

（1）适于程度的普通卫生习惯

（2）适于身体的各种锻炼

（3）富有兴趣的游戏资料

（4）矫正姿势的说明画图

（5）选购经济的体育设备

八、艺术生活——本科包括工艺、形艺二种事项

1. 目的

（1）启发艺术本能

（2）增进美的欣赏与鉴别

（3）使用工具完成一己的表现

（4）发挥自由创作的才能

（5）涵养美感，增进耐劳德性

2. 选材标准

（1）适合儿童心理可以涵养性质的

（2）可使儿童就经验及理想加以设计的

（3）与儿童生活有密切关系的

（4）在环境上有发表价值的

（5）基础作业的欣赏和建造

5. 农村小学的教学

农村小学教学的方法，近来经我们细细研究，觉到已往的农村小学，多半因袭城市，不能得到相当效果，以至造成一种变相私塾的教学法，大半纸上谈兵，偏重注入，实际生活毫不参加，因此学与教截为两事，至于实行方面——做——更是毫无生气。现在好了，我们感觉到了新主义的教育方法，要以儿童为主体的学习的方式，要以经验做出发点的，那么教师指导儿童，不问是教，是学，是做，要变成一体才可得到整个的经验。所以他的过程往往成功儿童的需要，就是教师的指导结果，儿童在做上学，教师在做上教，这样来指导儿童，儿童得的知识技能是整个的，是合于生活的，是"教学做合一"的。这就是我们现在施行的一种"生活教育法"，我们若是引用这种方法，去指导儿童，那儿童可以得到许多活的知能，不像已往的纸上谈兵，不切实际了。至于这个"生活教育法"的举例，各位可以参阅我校实小的一本小刊物——《生活教育实验》之一，儿童在集场期中的活动。现在不妨把他的大概情形介绍在下面：

生活教育实验的儿童——在集场期中的活动

实验本教学的经过：

一、关于本项的报告，要预先给诸位知的，有下列几点：

1. 实验的学校：栖霞山南中乡师实小六学年单级。

2. 实验的日期：十七年四月二十日（废历三月一日）。

3. 实验的教师：姚虚谷、叶效夷。

4. 实验的儿童：一年级5人，二年级10人，三年级9人，四年级8人，五年级5人，六年级5人，共42人。

5. 实验的经过

（1）中心：集场期中的生活。

（2）联络：读文、写字、作文、算术、社会、自然、美术、工艺、音乐、体育。

（3）目的：① 认识了现实的乡村社会活动，了解集场的功用，并知道与我们的关系；② 救济已往的弊端，充分利用这时期做改正心理的工作，并利用此时实地参加社会的练习。

（4）儿童：栖霞小学六年单级。

（5）教师：叶效夷、姚虚谷。

（6）动机：本月二十日，适逢本村集会之期，每年一次，村民都视为盛举，历年学校中多停课一日，以供儿童游乐之用。今年经师生共同计划，大家都感觉虚度此日殊感可惜，因而特为在这"集场"期中，大家都要加以充分的研究，这种动机是非常满了在我们的脑海中，于是决定在本周的水曜起，到下周的水曜止，以这个问题做设计的中心。

（7）实行：本教学经过了六七天的讨论，每日均预定了各组的研究事项（六个年的单级在施行设计教学时，分三大组，即高中低三组）。

（8）计划：各科联络的计划写在下面：

读文：高级（社会趣剧《根本的错误》），中级（《聪明的法官》），低级（《石匠王二》）。

写字：写劝学标语，戒赌标语（高级），写商品名称（中级），写集场中的玩具名称和自己的名字（低级）。

作文：① 约亲友来参观集场；② 三茅会记（高级）；③ 我在集场中所见所闻；④ 我所喜爱的玩具（中级、低级在作文中指导）。

算术：采集场中买卖的事实来应用笔算和珠算。

社会：高级：① 集场的功用；② 集场的游览；③ 集场的调查；④ 本乡的交通（附图）。中级：① 原始时代人的交易；② 集场的观察和应注意的事项。

自然：高中级：① 各种农具的研究；② 各种种子的选择；③ 小鸡鸭鹅的饲养法。低级：① 怎样养小鸡；② 钱有什么用。

美术：高级：① 会场写生；② 赌博的讽刺画。中级：① 几件农具的写生;② 会场写生。低级:① 几件玩具的写生;② 会场想像,赛会的陈列和西洋镜的欣赏也可算的是美术的设计。

工艺:高级:① 鸡罩的仿制(竹篾工);② 张贴标语。中低级:① 农具的图案(剪贴);② 竹玩具叫子。

音乐:熟练"识字好"的歌,创作"戒赌歌"。

体育:游览集场,练习侦察。

## 二、搜集

关于材料的搜集,大部分是在集场中取采,小部分由师生搜集出来,大家商定之后,再拿去应用,各科的材料,可以大胆说一句,都是依照设计中心去搜集的,没有什么牵强附会的嫌疑,至于讨论情形,请看下一项。

## 三、讨论

每日各科教学过程都是依照设计法去施行的,各科的情形说来非一时可毕,现在就其大概约略的说一说:

1. 读文方面:三组决定选三种剧本读一读,以便在集场举行的这一天,开一个表演会,所以决定高级组选的社会趣剧《根本错误》,中级选的《聪明的法官》,低级选的《石匠王二》。各组在练习过程中非常有味,所以在这天午后的表演中,都还言语熟练,态度大方,一般乡民无形中受了不少的纠正。

2. 写字方面:各组材料都是从设计手续下产生出来的,所以在练习时以及张贴标语后,各人都了解字的美术优劣,有关乎到阅者的兴趣。

3. 作文方面:做得非常圆满,因为事实是亲身经历的,不是虚构的文章,尤其是在这一个作业成绩中见到各个儿童的思想。

4. 算术方面:简直全是计算实际事物的应用,儿童因为受了这样指导,他们在集场中的活动更是非常注意,每逢买主卖主论价时,便都有相当的速算法,做出了得数,大声说出来了,所以在这种需要之下,同时更把珠算的应用又教了一二种(如乘除的应用,斤求两,两求斤的例子,又解说一下),还有数量的估计,也是算术科中一个应用,同时也做过一次,这是高级生做的。至于中级低级,也有相当的工作。

5. 社会方面:有趣极了,别的都可想像,可知只就"游览会场"的一个活动,就很是有趣了。我们在这一天的九点钟的光景,由两位先生、四个风纪员分别游览会场(另有会场图)。这会场可分为四大部:① 迷信区:栖霞寺前及三茅宫;② 享乐区:本校门前;③ 交易区:栖霞街中;④ 堕落区:栖霞街之南端旷地。我们先看了交易区,种类很多,另有记录。次看了迷信区,无非是善男善女做些无谓的举动,同时我们便讲了些破除迷信的讲演和识字运动的事项,完毕后便到享乐区中来,研究有卖西洋镜火车镜的,儿童争欲观看,我们见他的影片除去几张秽亵的片子以外,还可以看一看,于是向卖镜者商量,以二十枚铜元个个都饱了眼福。这一件事在儿童已满足了欲望,而教师不曾加以指导,结果对于恶秽的事项,不致紊乱了纯洁的心地。又看猴把戏,买了几件乡村的粗玩具,大家都很欢喜,还有卖各种糖果食物的,大家看一看,认识了几种名字,也就回来休息午膳了。到了午后,大家都说还有那堕落区没有游玩,大家决意要去,有人说去不得,大家一去就要堕落了;有人说有先生去,我们也不好做这种事;又有人说我们到要看一看,同时我们再散他们些戒赌传单,不就是一种改良风俗的举动吗?大家都说使得,忽有一人说,那些赌博之中,全是假的,全是骗人的。我们——教师——听见这种讨论非常重视,因为我们要他们——儿童——游览赌博的目的,就在乎此,这一点非常重要。于是我便插嘴道,既是假的,骗人的,我们何不把他假骗的地方侦探出来,告诉一般人,不就可以指导那些要受欺的人们不去加入吗?这句话说完,接连大家都互相讨论起来了,我说道:"游览堕落区只高级组加入,中低两组仍在享乐区中做戒赌宣传,不过高级组去到堕落区中要利用侦探的精神,把他们——赌徒——的妙门查出来,告诉这些宣传员,转告游人不是不上他们的当吗?"大家说好极,于是分队而去,不一刻有一儿童来报告,转碗的玩意他用了一个迷子,假作输赢的人,假输假赢,逢到有生人押的时候,他就在空门上停针碗不输出而一次一次的收入,许多钱,他的法子是在盘下面钉一根木条,通在转轴之下,停动,只用指在自己面前一动就得了。大家得了这个消息,于是传播开去,大声的宣传起来,结果他面前人走了不少,还有押鱼押虾的、押黑红宝的、掷骰子的、推牌九的,都由各儿童一一看出弊端,宣告大众,到后来这些人托人向我们说项,大家不答应,并且责成公安局取缔。总之,这一天集场中的活动得了许多活的知识,做了许多有益社会的工作,到四时以后,游人也渐渐散去,我们也就回校整理一下子,放学回家,明天继续再讨论罢。这是"游览会场"的一个活动内容,如此别的研究也可想而知了。

6. 自然方面:如购买小鸡,讨论饲养法,都能做得十分圆满。

7. 美术方面:可就儿童的作品和集场中观览品的画片,分类上加以考查,便知道大概了。

8. 工艺方面:同前。

9. 音乐方面:歌词的创作虽觉粗浅,但在一般乡下人看来,倒还不错,而且是儿童的力量。

10. 体育方面:在游览集场和练习侦探中已受有相当的活动不少了。

11. 欣赏:本教学的过程中,儿童受了不少的知识和相当的感化,所以他们的心情都时时流露出来满意的表示,他们的最后没有多大批评,不过,认为遗憾的就是没有留一个摄影。

12. 整理:这一次教学可算是破天荒的举动,在儿童方面,因为求得经验都是看了很多力量,所以在建造过程中都可见到他们的努力;在教师方面,都因这次教学了解乡村小学用"整个教学"的好处,得到许多安慰。本教学固然算是草草的成功,就是本校的"田间教学",也就因此格外催促实验起来。

至于农村中一年要有忙有闲,忙时儿童不能入学或是学校设备简陋,往往不能做到很圆满的境界,那么用了"生活教育法",也可以解决他的困难,不过因为设施的不同,我们特为叫他为"田间教学法",现在也把他的大概介绍在下面(欲知其详,可参阅《教育杂志》实验专号):

田间教学法

一、动机

1. 解决儿童农忙期中的缺席问题
2. 帮助施行家庭设计的辅导问题
3. 救济乡村小学校舍的简陋问题
4. 增高乡村小学儿童的活动问题

二、标目

1. 利用农忙期间
2. 实行野外生活
3. 享受美满自然
4. 陶冶康乐人生
5. 创造露天教室
6. 探讨活的知识
7. 发现乡村宝藏
8. 发展儿童本能
9. 适应环境需要
10. 完成整个知识

三、地点——可就各乡村的环境自己酌定

1. 山脉区

2. 森林区

3. 农作区

4. 水藻区

5. 牧场区

6. 田园区

7. 名胜区

8. 石产区

四、教学的方式

1. 共同确定研究题目——动机和目的

2. 共同计划研究大纲——计划

3. 共同观察研究事物——搜集

4. 各自记载研究心得——讨论

5. 提出问题共同探讨——欣赏批评

6. 整理问题得一结论——整理

五、教学时间

1. 春季：二三月间旅行及远足时期

2. 夏季：三四月间农忙期中，五六月之夏季生活

3. 秋季：七八月之秋收期中

4. 冬季：九十月间种麦种豆期中（家庭设计）

六、教学用具

1. 公共方面——文具箱、采集箱、放大镜、捕虫网、应用器具……

2. 个人方面——纸、夹、铅笔、雨笠、参考书……

七、实验的事项

有放牛的乐趣，麦的收获，栖霞之美景……

（注）举例甚长，兹从略，如欲知其详，可参看《教育杂志》实验号。

6. 农村小学的训育

(1) 关于学校内应有的具体的组织

a. 学级会:以一级做一个团体,以教师做一个顾问,指导儿童做各种自治事业,他的组织表如下(略)。

b. 学校村:以一校为一小社会,凡社会生活必需的事项,都用自动的方法指导儿童,组织起来。他的组织如下表(略)。

(2) 关于学校内应有具体的大纲

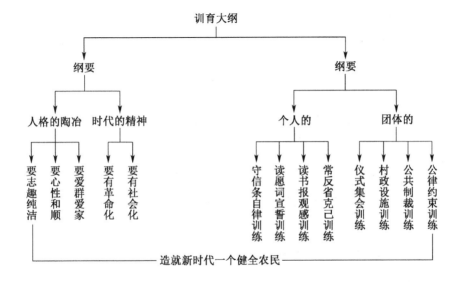

(3) 关于儿童方面应有具体的训育目标——训育儿童的标语

我们对于儿童积极的指导,最好把下列的几十条信条提示于儿童,给他自己去努力做到,才是训育上最大的成功。现在把我们所订的儿童在六个学年中所要实行的事项,写在下面:

好村民第一步:

1. 每逢看见党国旗校旗要行最敬礼
2. 每逢看见熟人的时候要招呼
3. 每逢走路时不说话不吃食物

4. 每逢下课时不下位闲谈

5. 每逢唱总理纪念周歌要立正

6. 常记好衣服和鞋袜要整洁

7. 常记好排班队要快要整齐

8. 常记好不大声乱叫

9. 常记好上课时先举手后说话

10. 常记好我是中华民国的国民

好村民第二步：

1. 我有早起的习惯

2. 我和同学亲爱

3. 我听先生和父母的话

4. 我不说别人的坏话

5. 我不污损墙壁和器具

6. 我不乱抛纸屑，看见地上有碎纸就拾起

7. 我能知道孙中山先生的简短历史

8. 我能唱总理纪念歌

9. 我拾到别人的东西，我送给先生保存

10. 我小事情不报告，不哭

好村民第三步：

1. 我愿每天早上读"愿词"一遍

2. 我愿说话诚实

3. 我愿做事负责

4. 我愿今天的事今天做完

5. 我愿在公共场所能肃静

6. 我愿没有得到人家的允许不拿人家的东西

7. 我愿明白三民主义的大概

8. 我愿人家说话的时候不插嘴

9. 我愿课前就把课业准备好

10. 我愿注意公共卫生

好村民第四步：

1. 我能读总理遗嘱

2. 我能尊重领袖

3. 我能扶助他人

4. 我能明白中国在世界上所处的地位

5. 我能用公正的态度去调停人家的争执

6. 我能把自己应做的事情不依赖人家帮助

7. 我能自己遇到有不高兴的时候不拿别人出气

8. 我能不二过

9. 我能受人规劝

10. 我能自己保持好名誉

好村民第五步：

1. 努力研究五权宪法的大概

2. 努力研究建国大纲的要义

3. 努力明瞭国民政府的前身和组织

4. 努力节省零钱买有益的书籍

5. 努力把朋友间交际做到有美满的表示

6. 切记要进人的私室须得主人许可

7. 切记宽恕人家无心的错处

8. 切记做事之先要计划一下

9. 切记不为无益的争论

10. 切记人家不容易允许的事情不轻易向人家要求

好村民第六步：

1. 十分信仰中国国民党对内对外诸政策的大概
2. 十分信仰中国国民党的组织、任务和主张
3. 十分信仰公义公理的意见是应当服从的
4. 十分信仰自动学习是谋学业进步的秘诀
5. 十分信仰不耻下问的古训
6. 十分信仰公共服务是发达事业的要件
7. 十分信仰名誉二字是人生第二生命
8. 十分信仰社会服务是人生之乐事
9. 十分信仰志趣坚定、刻苦耐劳是吾人立身的根本
10. 十分信仰阅读有益书报一事可以明瞭国内外之新趋势

7. 农村小学的社会活动

农村小学是农村社会的中心，这一种地位在现在的确有此情势，不过一所农村小学是不是关于社会活动的全部，都由学校担负起来吗？这一点很值我们来谈谈。就是一个农村小学教师，他的时间，他的学问，他的精神，能不能把全村的事业都要担负起来，这却是很要明白的啊！

现在我们想，"社会活动"一件事决不是一个人两个人可以包办的，是要全社会的、全农村的人们都要来担负起来的，农村小学教师不过是乡村社会活动中的一分子，一个群众活动中的辅导者。

我又想到，农村教师要能把社会活动做得圆满，那先决问题还是要请你把自己的学校办好，自己学校的儿童个个是有能力的，那么可以得到许多有力的帮助，自己学校得到农民的信仰，那么农友可以帮助你成功不少的伟业，所以我们知道，要能把社会活动做得好，还得从你自己学校先做好，那纵有困难，也不难迎刃而解了。

倘使这么样向前做，儿童是我们的同志，农友是我们的助手，由少数渐渐做到多数，处处为农民着想，处处为农民帮助，处处为农民解决，那学校就可变为社会的中心，社会活动的事业，也就可从此开始活动起来

了。但是,农村小学做些什么活动呢？我们想分成几个步骤去实现:

第一步,开放学校,和农民做朋友,联络农友施以家庭访问。

第二步,开辟民众茶园、问字处、代笔处。

第三步,办消费合作社、信用合作社、民众学校。

第四步,各种活动事业,如改良种子、破除迷信、改良耕种。

这以上几点,都是一个农村小学可以自己做到的,或是联合各机关合作的,只要本着"坚毅的精神""恳挚的心情",我看一定可以成功的啊！

8. 农村小学的校舍和设备

关于这一个问题,各县教育局定有具体的方案,现在我想到,这几年以来对于农村小学的校舍和设备上有几个心得,特为写出和诸位谈谈。

（1）校舍方面

① 要适宜于本村儿童的就学便利;

② 要对于光线上有合理的窗户;

③ 要有通气窗设于窗的上部;

④ 要内壁涂以麦秆色或白垩色;

⑤ 单级小学至少有校舍五间;

⑥ 两级小学至少有校舍八间。

（2）设备方面

① 一切设施要从朴而不陋、美而不费上作想;

② 窗宜开在左面;

③ 每坐须有二百立方尺的空气;

④ 坐次以长七座、阔六座为宜;

⑤ 桌与桌距离间的走道为一尺六寸;

⑥ 桌面离地面占儿童身高七分之三;

⑦ 桌面应倾斜成四十五度的角度;

⑧ 空气宜流通,温度常在六十五度至七十度之间;

⑨ 廉值可以办到的雨具应设备；

⑩ 每个儿童应供一分清洁用具（与家庭合办）；

⑪ 适量的游戏用具和必备的图书。

**丙、怎样推行农村青年教育**

1. 农村青年教育的重要

(1) 补救义务教育，提示职业准备；

(2) 施行职业指导，明瞭就业途径；

(3) 提高农村青年智识技能；

(4) 充实国民道德方面应具的事项。

2. 农村青年教育的种类

(1) 农村职业补习学校；

(2) 农村青年协进会；

(3) 农村处女励志会；

(4) 联村青年会；

(5) 职业讲习会。

3. 农村青年教育的组织

(1) 农村职业补习学校

① 目的：增高青年知能，培养职业基础。

② 入学资格：初级小学毕业生或是高级小学毕业生。

③ 场所：特设的或附设的。所谓特设的，就是单独设置而言；附设的，就是附设于他种学校而言。

④ 毕业期间：我们要是依照欧美的办法，至少要订他有八年以上的补习学校，不过我国民生困顿，能在毕业后有二年或三年的补习，也可稍稍救济。

⑤ 程度：如果本村只有初级小学毕业生，那么补习学校的程度相当于高级小学；若是高级小学毕业生，那么补习学校的程度相当初级中学。

⑥ 教学时间:可分为全年教学制、季节制、昼夜制。

⑦ 教学科目:男子为算术、国语、党义、农业、簿记(或工业),女子添裁缝、家事,教材要加以选择。

⑧ 办理的注意:一切组织均和学校相类,惟对于学生自由,工作须令其笔记,每日出席缺席,须注意奖励和督责。

(2) 农村青年协进会

① 组织原因

a. 打破我们中国人的家庭观念。

b. 积极提倡群治的生活。

c. 直接参与社会工作。

d. 减少青年受不良习惯的影响。

② 组织方法

a. 组织:设置区域大概每一村组织一所。

b. 经费:大概以国家的奖励金、地方自治项下的补助费、会员捐纳金、募集款。

c. 人员:选正副会长各一人,干事若干人。

d. 分部:智育部、体育部、群育部、美育部、社会部、合作部。

e. 事业:关于智诵方面:补习班、阅书会、各种讲演会。关于体育方面:国术班、竞技会、业余运动会。关于群育方面:俭德会、恳亲会、模范青年表彰会。关于美育方面:演剧团、音乐会、村景设计会。关于社会方面:消防队、恤老会、育婴堂、社会童子军。关于合作方面:合作社、储蓄会、森林垦植会、畜牧园。

f. 指导:由地方人士或小学校长、教员等主持。

(3) 农村处女励志会

① 组织原因

a. 处女是将来的国民之母。

b. 受了义务教育的女子,没有受补习教育的机会,可入该会。

c. 处女是将来的主妇，在未嫁以前，经他得到相当教育，那末良妻贤母，方有希望。

d. 处女有了特别技能，将来不致有依赖性。

e. 处女主持家庭，因为有了好的教育，那家庭教育不患不有进步。

② 组织方法

a. 目的：传授处女必需的知能和涵养妇德为目的。

b. 组织：凡终了义务教育的十三岁至二十岁未嫁女子均应入会，已出嫁的可做赞助会员。

c. 人员：同青年协进会（有时可合并组织，但我国各地风气未开，最近十年间或许还以分开为宜）。

d. 分部：补习教育部、俭德部、家事部、娱乐部、运动部。

e. 事业：关于补习教育方面：各种特殊班。关于俭德方面：储蓄会、俭德会。关于家事方面：幼儿保育班、缝纫练习班、炊事实习班。关于娱乐方面：音乐会、旅行会、庭球或台球会、茶话会、游艺会。关于运动方面：篮球会、竞走会、国术会。

f. 经费：由地方捐助，会员捐款。

g. 指导：由村长或小学校长、女教师等主持。

(4) 联村青年会

这是要养成村民有交际的机会，把附近的乡村联合组织，可借乡村集场期中举行，一方可借此交换感情，一方可举各种比赛，那农民的兴趣，定然十分增高。

(5) 职业讲习会

这个会可由小学校主持，遇到适宜机会，就举办下列各种讲习，藉可救济勤于家事，困于农事一班青年，加以相当教育：害虫讲演会、益虫讲演会、种子选择讲习会、栽培方法改进会、就业指导会、日常工艺讲习会、化妆品研究会、国产品讲习会、其他。

丁、怎样推行农村成人教育——民众教育

1. 农村成人教育的重要

（1）救济失学成人

（2）普及国民常识

（3）充实村政基础

（4）发展农业经济

（5）提倡正当娱乐

（6）了解村民地位

（7）戒除恶劣风俗

（8）完成新村组成

2. 农村成人教育的分类

（1）教育类：农村老人会、通俗讲演会、民众学校、民众周报、民众日报、村民识字处、村民代笔处、村民问字处、识字运动、家庭教学团、农民教育馆。

（2）农业类：农具代办所、种苗交换所、农业指导所、农业堆栈所、农艺讲习会、农作展览会。

（3）经济类：各种合作社、村民储蓄处、交易平市会、副业研究会、公共当典、公共市场、乡村公债。

（4）公安类：农村消防队、农村保卫团、农村冬防队、禁绝烟赌队、联村保卫团。

（5）卫生类：清洁运动、乡村医院、防疫运动、食品检查所、饮料检查、布种牛痘、公共浴室、公共厕所。

（6）党政类：党义宣传日、国耻纪念会、集会训练部。

（7）村制类：村政指导部、村制研究部、村政设计部、村有森林、村民公会堂、公共仓库。

（8）宗教类：破除迷信运动、创立公墓场、取缔恶俗。

(9) 娱乐类：中心茶园、民众剧场、民众娱乐馆。

(10) 运动类：国技、竞走、游泳、赛骑马、竞舟、登山、各种比赛。

## 五、实施农村教育的态度

农村教育的计划和期望，我们是已经知道，现在我们要想到用什么样子的方式，才可实现，才可顺利。谈到这一点，我们就得要注意到这种下层工作，绝不是在那里弄聪明，掉掉花枪，骗骗从来足不出户的行政当局，欺欺麦菽不辨的城市呆子所能奏效的，必得要有许多忠实的下层工作者，确实勤勤恳恳、惨淡经营的人们，下一番功夫，做一做不可啊！假若不如此，那农民自农民，教育自教育，残破的农村，仍旧是一成不变。这种不幸的现象，我们要是追本穷源起来，当能知道，这是属于实施者没有相当态度的主因所造成的啊！

"到民间去""和农民做朋友""找朋友去"这几句话，几乎成为推行农村教育人们的口头禅，若是谈到实际，你虽欲和他——农民——做朋友，他却怀疑，不敢和你——推行农村教育者——做朋友，你是有心，他却无意，结果你说你的，他行他的，有了这种见解，还谈什么推行农村教育呢？所以我们要实施农村教育，必定要在有农夫身手，科学头脑，创造精神之外，拿出几种很有力量的态度来，帮助我们去建设新农村，那才达到我所计划的一种期望，才可打破纸上谈兵、空言塞责的大背谬。

### （一）要有大无畏的精神

现在革命势力仅仅乎达到城市，乡村中到处还是为恶化者、腐化者所盘踞着，实施的力量发展到那里，恶势力的阻碍也就走到那里，造成你创行一事，恶势力的领导者，能公然违抗的，和你旗鼓相当对抗一下，不敢公然抵抗的，就唆使别人威吓陷害，造成恐怖，使你退却。在这当儿，我们要立定主意，本着大无畏的精神，一切不顾忌，向前猛进，假使畏怯软化，结果新思想者事业固不能成，而一己的身心又早为恶势力所征服了。乡村中恶势力较大的莫如僧尼,他们终日要造成许多迷信,领导人民向死路上跑,驱使民智朝原始时代去。本来他们做的死人享乐生活,和我们教育目的,绝对不能相容,他在乡村中潜势力很大。我们要推行农村教育,这一点颇觉到是我们心头之患,希望我们实施训政的同志们,联合起来铲除僧阀,庙产兴学,那我们的努力才可建筑到新农村上,否则十年的努力,敌不过几句南无阿弥陀佛。至于土豪劣绅、贪官污吏等,都是有法可使,不足为虑的啊!

(二)要有牧师传教的精神

农民对于知识的探求本来也很高兴,不过有时无暇及此,或是缺乏兴味,有时对于你行动揣测为别有作用,相率裹足,或抱着怀疑态度,好像我们对于一切设施,是属于我们的事业,对于他们竟不生关系一样,有时纵可参加,也不过有作为敷衍门面起见,这种意味,是我推行农教过程中常常发现的。但是,这种意味又不能因其难受,就中止了我[们]责任,必得要具有牧师传教的精神,去开导农民,教化农民。据说西洋牧师初到中国传教,被人用砖相投,他还是努力不懈的传教,结果信仰者日众,到了现在,牧师支配教徒的力量极大,在民间的领导者,无牧师传教的困难,有牧师传教的精神,必不至如现在的农民自农民,教育自教育的。

(三)要有愚公移山的精神

睁开眼一看,不开化的农村着实太多,社会黑暗情形着实也复杂,好一似茫茫大海,不知从何处下手,也不知何日才见功效。但是,若拿出愚公移山的精神,今日一努力,明日一努力,日复一日,年复一年,没有不收伟大的效果。

(四)要有和蔼可亲的态度

从前乡民见了城市的大人先生们,往往发生自卑的心理和敬畏的心理,再加上大人先生偶然发了霹雳之威,可怜农民吓得什么似的。现在乡民心理，也还是今犹昔也，在民间施教者，若不把先生牌子、知识阶级那种谬见，统统消除，结果还是尔为尔，我为我。所以，在民间施教育，最好要和民众如家人父子之亲，次则也须做到彼此毫不拘束。

（五）要有诚信无欺的态度

乡民因为风气闭塞、知识简陋的关系，对于领导者常常有极端的信仰心，可是一次失信，便会对你不信仰，所以在民间领导者，对于笃实可爱的乡民，绝不可言不顾行，也不可使用手段，要以诚信无欺的态度，推心置腹的相见。

（六）要有熟悉风俗人情的本领

在此一乡领导民众，第一，要调查地方风俗人情，并且要十二分熟悉，然后才能和他们接近，措施才能不背人情，不知不觉中可以领导他们向前进行，常想着：一个在民间的实施农教者，是一村一乡的先觉先知，要不把地方风俗人情调查得烂熟，访问详细，那施教时必然有所隔阂。所以，我们在空闲时候，今天到甲村，明天到乙村，田头山边，可以坐下谈谈，庄东庄西，不分老幼男女都认识了，不愁农民不信仰你，不愁民众不欣然来受教，这种下层功夫，是要十二分努力的啊！

总之，我国的农村，组织散漫，生活枯窘，要在农村改进上下功夫，一方面固然要在政治上用力量，一方面也得要在教育上谋建设。我们担当了这新农村的建设责任，尤当要常常想到总理说过的"知难行易"的一句话，的确是我们实行农村革命的名言，不患不能行，患其不能知，知之不深切，那行得就无力量，结果是"皮毛的""敷衍的""因循的""时间的"。果然知是真知，那行起来也没多大困难，我们在农村中革命，不啻是继续总理遗志，倘能注意这一点，我想农村教育的实施，定然有"悠远的建设""伟大的成功"，愿诸同志共同策励起来啊！

# 后　记

黄质夫是中国近现代教育史上一位伟大的乡村教育改革的理论家和实干家。他先后创办和主持了四所乡村师范学校,培养了一大批"不怕苦、能实干,负责任、守纪律,懂礼义、知廉耻,不消极、不苟安,能工、能农、能商,能教学、能生产,能在后方保安,能上前线作战的新型乡村教师",为我国现代乡村师范教育和边疆民族教育的发展做出了突出的贡献。他的一生,是致力于乡村教育的一生,也是他与恶势力、恶环境坚持奋斗的一生。笔者到南京采访黄飞先生时,他回忆说,他的父亲黄质夫最大的一个特点就是"勤奋如牛,奉献如牛",他还每每以牛自况,经常教育子女要学习老黄牛"功高不居,劳而无怨,生前享受无多,死后捐躯为人"的奉献精神。1992年,著名画家赵峻山老师专门作《愧不如牛图》,怀念老校长黄质夫为中国乡村教育,像牛一样辛勤耕耘、无私奉献。本人随着对黄质夫乡村教育思想研究了解得越深入,就越发对黄质夫先生为改造乡村、振兴中华的爱国情怀产生由衷的敬佩,并被他对乡村教育孜孜以求、锲而不舍的执着精神深深地打动。

由于历史的原因,黄质夫的乡村教育思想与实践精神被尘封了几十年。今天我们宣传黄质夫,不仅要学习他的"师范教育必须契合于中国之乡村""乡村教育化、教育乡村化""劳动教育与专业训练并重""教育者须由第一流人才充当"等一系列乡村教育思想，更重要的是要学习他爱国救民的高尚情操以及"俯首甘为孺子牛"的无私奉献精神。正如黄质夫的学生在纪念黄质夫先生诞辰一百周年大会上所说："你的学生，都无时无刻不在想念着仰慕着：你那救穷化愚、振兴民族、救国救民的伟大理想和抱负；……你那公而忘私、不慕名利、襟怀坦白、公平正直的道德品质；你那勇于创新、敢于拼搏、不怕困难、不畏强暴的硬骨头精神；你那勤俭朴素、刻苦耐劳、只图奉献、不求享受的生活作风。"今天中国教育的重点和难点依然在偏远的山区和农村，因此我们更要重视发展乡村教育和边疆民族教育，要投入更大的人力、物力和财力，呼唤更多黄质夫式的优秀乡村教育家，扎根农村、献身乡教，促进乡村教育高质量发展，在中国式现代化中全面推进乡村振兴！

在研究过程中，扬州大学周新国教授、朱煜教授、潘洪建教授、朱季康教授等，提出了若干宝贵的建议。此外，还得到南京晓庄学院王文岭教授的指教，使我获益匪浅。我要特别感谢教育家黄质夫的后人黄飞先生，他在提供资料、研究、出版等方面给予不少协助。扬州大学图书馆、南京大学图书馆、江苏省档案馆、仪征市档案馆等机构的工作人员，在我查找资料时提供了帮助。此外，我还要感谢东南大学出版社唐允主任的热情相助，编辑张万莹老师为本书的出版付出了大量辛勤的劳动，令我十分感动。在此，向所有帮助、指点过我的良师益友表示诚挚的谢意！

最后，需要说明的是，由于本人才疏学浅，疏漏之处在所难免，欢迎广大同人和读者予以指正。

马　兵
癸卯年于扬州明月湖畔